Formação & Informação

Científica

Jornalismo para iniciados e leigos

Dados Internacionais de Catalogação na Publicação (CIP)
(Câmara Brasileira do Livro, SP, Brasil)

Formação & informação científica: jornalismo para iniciados e leigos / Sergio Vilas Boas (organizador). – São Paulo : Summus, 2005. (Formação & informação)

Bibliografia.
ISBN 85-323-0211-4

1. Comunicação 2. Divulgação científica 3. Jornalismo 4. Jornalismo científico 5. Pesquisa I. Vilas Boas, Sergio II. Série.

05-5238 CDD-070.4495

Índice para catálogo sistemático:

1. Jornalismo sobre ciência 070.4495

Formação & Informação

Científica

Jornalismo para iniciados e leigos

Sergio Vilas Boas

Organizador

summus editorial

FORMAÇÃO & INFORMAÇÃO CIENTÍFICA
Jornalismo para iniciados e leigos

Assistência editorial: **Soraia Bini Cury**
Assistência de produção: **Claudia Agnelli**
Coordenador da coleção: **Sergio Vilas Boas**
Capa: **Camila Mesquita**
Editoração e fotolitos: **All Print**

Summus Editorial
Departamento editorial:
Rua Itapicuru, 613 – 7º andar
05006-000 – São Paulo – SP
Fone: (11) 3872-3322
Fax: (11) 3872-7476
http://www.summus.com.br
e-mail: summus@summus.com.br

Atendimento ao consumidor:
Summus Editorial
Fone: (11) 3865-9890

Vendas por atacado:
Fone: (11) 3873-8638
Fax: (11) 3873-7085
e-mail: vendas@summus.com.br

Impresso no Brasil

Sumário

Apresentação

Ciência e ciências

Imaginem os designativos físico, biológico, exato, humano, sociológico, psicológico, filosófico, astronômico etc. à frente da palavra "jornalismo"! A expressão "jornalismo científico" já soa meio contraditória. Jornalismo não é ciência, e ciência jornalística, então, algo inconcebível. Mas há – é necessário haver – bom *jornalismo sobre ciência.*

Este terceiro volume de *Formação & informação* – coleção criada para refutar qualquer hipótese de "ficção e instalação" – tem dois objetivos: discutir os conhecimentos básicos de que um comunicador precisa para produzir jornalismo de qualidade sobre ciência para públicos heterogêneos; e ajudar esses públicos (iniciados e leigos) a compreender como se constroem o saber científico e as reportagens sobre ciência.

Trocamos o microscópio pelo telescópio, pois é gigantesca a dimensão da ciência em nossa experiência de pensar e agir. Em vez de ampliar particularidades, estamo-nos propondo visualizar a ciência como um universo. Mas como fazer isso? Contextualizando-a. Contextualizar é considerar os valores históricos, sociais e culturais envolvidos nos resultados de uma nova pesquisa relacionando câncer e tabagismo, por exemplo.

Contextos são valiosos pontos de referência; ampliam os assuntos sem necessariamente ocupar espaço-tempo. Até o próprio fazer científico pode ser contextualizado. O processo de uma pesquisa pode ser visto como tão (ou talvez até mais) importante quanto seu resultado. Mas resultados espetaculosos – especialmente aqueles gerados por instituições de pesquisa renomadas – parecem acima de qualquer suspeita.

Senso crítico e boa vontade dos repórteres bastariam? Alicia Ivanissevich, no artigo "A mídia como intérprete", acredita que não. Jornalismo sobre ciência também é *business*. "Quando me refiro a negócio, estou, na verdade, me referindo aos donos de empresas e não à profissão de jornalista em si. Acredito que ainda se pode fazer um trabalho de qualidade apesar da ditadura do dinheiro. Sempre há um jeito de descobrirmos brechas no sistema."

As pessoas buscam informação, entretenimento, e esperam posições políticas definidas. "A mídia tem de saber atender a essas demandas, qualquer que seja o assunto tratado. Como outros temas, as notícias sobre ciência precisam informar, entreter e, em certos casos, até defender um ponto de vista. A grande questão é fazer tudo isso de forma equilibrada, sem sensacionalismo e sem encantamento exagerado com as maravilhas que a ciência e a tecnologia prometem. Lembremos que a mídia é a rainha das advertências e que as pessoas precisam mais de explicações que de alarmismo."

Pôr em debate as conseqüências de descobertas científicas é uma das funções do jornalismo em geral e da divulgação científica em particular. Ok. Mas jornalismo sobre ciência é o mesmo que divulgação científica? Martha San Juan França, em "Divulgação ou jornalismo?", lembra que notícias sobre ciência não substituem aulas de física, química e biologia que, de resto, devem incluir, além da memorização dos fatos, a capacidade de ensinar a pensar. Algo muito mais desafiador, diga-se.

"Ao que parece, isso não está acontecendo. Para Carl Sagan, 'a sociedade está produzindo pessoas de raciocínio lento, desprovidas de imaginação, senso crítico e curiosidade'. Essas pessoas, estimuladas pelo discurso da divulgação, que utiliza muito bem a técnica de exibir o 'lado maravilhoso' da ciência, aceitam o que lhes é transmitido sem uma atitude cautelosa. Se os jornalistas quiserem mesmo 'conquistar a mente e o coração' desse público e ajudar a promover algum tipo de mudança, devem aproximar a informação do entendimento, a simples curiosidade do aprofundamento e da investigação."

Martha recusa a idéia de que os jornalistas especializados em ciência sejam meros tradutores de conteúdos cifrados. Para ela, os jornalistas "precisam oferecer notícias que não sejam meramente traduções para consumo geral. Precisam encontrar os meios de dar uma imagem mais realista da pesquisa à população que não tem nenhuma experiência direta nesse assunto. E, portanto, não atuar de maneira ingênua para promover interesses dos quais às vezes nem se dão conta".

Para evitar esses jogos de interesses, voltemos um pouco ao passado com Maurício Tuffani. Ele resgata a história do pensamento científico (e cientificista) ocidental, partindo da seguinte pergunta: a ciência está, em sua essência, comprometida com o poder? "Nos últimos anos, com os grupos de discussão e *chats* na internet, podemos constatar – principalmente em comentários sobre transgênicos, clonagem, aquecimento global e outros assuntos – que há um amplo espectro de convicções entre repórteres, redatores e editores, que variam da aceitação ingênua da neutralidade da ciência à visão conspiratória de que ela é um braço da política."

Para Tuffani, a reflexão acerca desse tema não faz parte do dia-a-dia da maioria dos jornalistas. E adianta a proposta contida em seu "Ciência e interesses": "[...] Os membros das próprias especialidades científicas podem permanecer por algum tempo muito mais empenhados em preservar as teorias do que em aceitar fatos novos. Mais que isso, [...] as controvérsias e aspectos políticos e sociais [...] permearam a construção da própria concepção de ciência".

As diversas abordagens presentes aqui não são apenas válidas e pertinentes. Algumas propõem saltos qualitativos. Eduardo Geraque, por exemplo, adicionou um pouco de ecologia ao oceano de debates possíveis, trazendo à tona uma proposta de visão sistêmica para o jornalista que produz conteúdos sobre ciência.

"Sistemas ecológicos" relembra-nos de que não foram apenas os grandes pensadores e cientistas que alteraram o curso histórico da ciência, e de que muitos problemas de dimensões planetárias continuam sem solução. Daí a insatisfação coletiva que emergiu com força a partir dos anos 1970. A história pendular da ciência, que costuma oscilar entre o pensamento reducionista e o holístico, sofreu um abalo considerável com a abordagem ecológica.

"Apesar de os ecólogos serem naturalmente holísticos – mesmo com o desgaste dessa palavra nos últimos anos, ela merece ser resgatada em seu valor real –, alguns deles, em especial, procuraram formular com mais precisão teorias promotoras de uma certa organização nesse conhecimento que começou a aflorar a partir da metade do século XX. [...] Na época, a grande contribuição da formulação foi exatamente propor uma visão anti-reducionista sobretudo para as ciências naturais."

Verônica Falcão evitou o reducionismo ao enfocar o etos da comunidade científica e dos jornalistas que cobrem ciência. Seu "Dupla hélice" não trata de DNA. O que Verônica procura é uma via de cooperação entre jornalistas e cientistas. "Tão importante quanto subsidiar o trabalho dos jornalistas científicos é preparar os próprios cientistas para lidar com a imprensa. Uma das lições básicas que todos eles deveriam aprender é a de não conduzir a entrevista como se estivessem escrevendo uma dissertação, tese, ou mesmo um artigo."

Verônica expõe algumas razões para o distanciamento entre a produção científica e sua publicação em jornais, revistas, televisão, rádio e internet. A falta de interesse dos pesquisadores que se destacam no meio acadêmico em popularizar o seu saber é uma delas. "Há cientistas que por receio de serem mal interpretados pelo jornalista ou por mero desinteresse em formas de divulgação para o grande público simplesmente se negam a conceder entrevistas. Muitos desses têm uma produção científica que lhes assegura espaço nos melhores periódicos científicos, considerando desnecessária a popularização do seu conhecimento."

Outros evitam expor na mídia suas idéias por falta de segurança em relação aos seus resultados ou medo de ser avaliados por milhares e até milhões de pessoas, dependendo do meio de comunicação, em vez do público restrito das revistas científicas. "Há ainda os que usam os jornalistas para se promover. Fui vítima de uma cilada dessas. Sem ter consciência de que se tratava de uma estratégia de autopromoção, certa vez fui procurada por um químico de projeção nacional e que era amigo pessoal de um físico brasileiro com pretensões de ser cotado para o Prêmio Nobel."

Fechando o ciclo, uma abordagem das interconexões entre tecnologia, informação e desenvolvimento sustentável. Em "Parem as máquinas!", Vinicius Romanini constata que a maior parte da cobertura de ciência na grande imprensa se refere, na verdade, aos desdobramentos tecnológicos do conhecimento científico.

"Fala-se mais de tecnologia do que de ciência pura. É fácil entender a razão disso: o público leigo, aquele que não tem interesses profissionais ou acadêmicos específicos nos assuntos de ciência, vê mais apelo nas notícias sobre os últimos avanços da indústria de computadores, farmacêutica, automobilística ou de entretenimento do que nas longas e complexas explicações sobre o que os cientistas estão fazendo enfurnados em seus laboratórios e institutos de pesquisa."

A tecnologia é mais interessante porque tem um impacto certo e quase sempre imediato na vida das pessoas, enquanto a pesquisa científica pura caminha a passos lentos por um aglomerado de conceitos muitas vezes incompreensíveis aos não iniciados.

Por isso, "para buscar informação sobre pesquisa científica pura, o jornalista precisa ter uma formação específica e estar preparado para enfrentar muitos obstáculos. Percalços que começam na desconfiança e prevenção que os cientistas geralmente têm em falar sobre suas atividades com pessoas que não sejam seus colegas, e se estendem até os aspectos lingüísticos e éticos que surgem quando se traduzem conceitos de uma esfera de saber especializado para o leigo".

Os jornalistas de ciência, afirma Vinicius, devem "compreender os conceitos principais dos temas que cobrem, adquirir um pouco do jargão técnico usado pelos cientistas e, também, conhecer bem os bastidores da política acadêmica e científica. Os cientistas, afinal, são pessoas normais, que gostam de ser reconhecidas por seus méritos. Eles sabem que a divulgação pode lhes ajudar a conseguir financiamentos para seus projetos e respeito por parte de seus colegas".

Em sã consciência, este livro compartilha certa ciência sobre as ciências.

Sergio Vilas Boas
Junho de 2005

A mídia como intérprete

Como popularizar a ciência com responsabilidade e sem sensacionalismo

ALICIA IVANISSEVICH*

Mundos díspares

Grandes pesquisas de opinião feitas na década de 1990 sobre as atitudes dos europeus com relação à ciência e à tecnologia e seu nível de entendimento sobre o assunto revelaram um resultado comum: a principal fonte de informação pública na área é a mídia – a televisão, em primeiro lugar, e os jornais, em segundo. Embora não existam estatísticas similares no Brasil, não é difícil constatar, dado o poder de alcance de nosso rádio e nossa televisão e dada a boa penetração dos nossos principais jornais e revistas, uma realidade análoga. Os dados de que dispomos induzem, portanto, a uma conclusão natural: os meios de comunicação

* Jornalista especializada em ciência. Trabalhou no *Jornal do Brasil* (editoria de Ciência) e, por dois períodos, na revista *Ciência Hoje*, da qual é editora desde 1997. Obteve especialização em divulgação científica no Welcome Centre for Medical Sciences (Londres, Inglaterra) em 1996-97. Recebeu duas menções honrosas: Prêmio José Reis de Jornalismo Científico (1992) e Prêmio Interclínicas de Saúde (1992). Recebeu ainda homenagem do Ministério da Saúde por um conjunto de reportagens sobre combate ao fumo (1996).

são o caminho mais imediato e abrangente de intensificar a divulgação científica para o grande público.

É comum, entretanto, que cientistas levantem certos poréns contra o uso da mídia como meio de popularizar a ciência. Como conquistar o meio jornalístico para se comunicar com o público? Como se certificar de que os dados fornecidos ao jornalista não serão mal interpretados? Que credibilidade têm as notícias de ciência nos meios de comunicação? E, por fim, o que garante que um maior número de notícias na área vai aumentar o entendimento de ciência pelo público?

A resistência da comunidade científica em relação à mídia tem suas razões. Os meios de comunicação são, antes de tudo, um negócio com um produto a vender. Seu produto é a informação. Seus consumidores são os leitores, ouvintes e telespectadores. Os empresários que gerenciam o negócio – não necessariamente jornalistas – são os grandes donos de jornais e/ou revistas, redes de televisão e/ou rádio, cujo principal objetivo é alcançar a maior margem de lucro possível em tempo recorde.

O sucesso das vendas ou a conquista de vários pontos no Ibope depende, entre outros fatores, de que tipo de informação é veiculada e de que forma ela é apresentada ao público. Assim, o que vai determinar quais notícias serão transmitidas não é certamente a vontade do cientista em divulgar seus resultados, mas o que o editor de TV, rádio, revista ou jornal – e, às vezes, o que o gerente do setor comercial – considerar de maior interesse para aumentar a venda de seu produto.

Por outro lado, é notório que, enquanto tentativas isoladas de disseminar o saber científico – como aulas convencionais, peças de teatro, filmes, exposições, palestras – têm um impacto tímido na população, a ciência veiculada na mídia pode alcançar milhões de pessoas em um só dia. Seria inútil ignorar um instrumento com esse poder de alcance. Cientistas e educadores deveriam considerá-lo um aliado – sempre atentos a seus vieses – em sua tentativa de divulgar ciência.

Os vários setores envolvidos nesta divulgação tendem a interesses bastante diferentes. Mesmo que algumas de suas preocupações coincidam, é bom lembrar que não estão todos no mesmo negócio.

Eventuais choques entre mídia e comunidade científica são inevitáveis. Cientistas e jornalistas vivem mundos diferentes, com regras próprias e objetivos díspares. Enquanto a ciência exige um trabalho metódico, de passos lentos, complexos e precisos, o jornalismo em geral pede agilidade, apelo e simplicidade. Os jornalistas querem saber em quarenta segundos e em uma linguagem simples exatamente o que os pesquisadores vêm fazendo, com sua metodologia complexa, há vários anos.

Os cientistas sentem-se seguros quando se amparam em seu jargão técnico, e boa parte deles acredita que os conceitos só podem ser transmitidos corretamente se empregado o seu vocabulário. Por sua vez, os jornalistas são generalistas – ou, como costumam ser chamados, "especialistas em generalidades" – e sabem que o público, da mesma forma que eles, é incapaz de abarcar um mundo de significados tão extenso quanto o que lhes pode ser proposto em uma única página de jornal ou revista ou em um simples programa de rádio ou TV. Como entender de *quarks*, plasmídeos, variâncias, beta-amilóides, piracemas e luciferases sem uma prévia explicação ou introdução ao tema?

O estudo da própria ciência está tão fragmentado que não é raro encontrar botânicos que nada sabem sobre partículas subatômicas, químicos que não entendem de conceitos básicos de demografia ou arqueólogos que nunca ouviram falar do enorme potencial dos nanotubos.

Na realidade, a regra geral é vermos cientistas que praticamente desconhecem o que está sendo feito em outras áreas do campo do conhecimento em que atuam. Há físicos de matéria condensada que mal sabem o que se passa em astrofísica, por exemplo. Por que exigir então esse conhecimento prévio do jornalista? Por que, por outro lado, demandar de um cientista, que dedica longas horas por dia à sua pesquisa, que pare alguns instantes seus experimentos para falar de seu trabalho de forma superficial a um repórter? Existe aí um verdadeiro choque cultural.

Choque cultural

A relação entre cientistas e jornalistas não é pacífica nem confortável e o atrito, constante. Afinal, comunicar ciência para o público leigo é um inevitável processo de simplificação, possivelmente perigoso e por vezes até inadequado.

O caso da doença da vaca louca, que arruinou dezenas de criadores de gado na Europa na década de 1990, é um bom exemplo para ilustrar algumas diferenças e adversidades entre a comunidade científica e a mídia. No início de 1996, um comitê europeu de cientistas analisou as evidências com relação ao caso e concluiu que os dados não eram suficientes para gerar preocupação. Ainda assim, alguns deles, que ainda suspeitavam da possibilidade de a doença da vaca louca ser transmitida ao homem por meio do consumo da carne contaminada, resolveram tornar pública sua apreensão. Não havia provas concretas, mas, ao mesmo tempo, havia indícios suficientes para se fazer a advertência.

Era uma mensagem complexa. A mídia, contudo, precisava alertar o público sobre o problema e optou pela simplificação. No dia seguinte, jornais e revistas estampavam em suas primeiras páginas e capas manchetes como: “Quem comer carne pode morrer”. Da mesma forma, as emissoras de rádio e TV apresentavam programas em que familiares de pessoas com a doença de Creutzfeld-Jakob (variação do mal da vaca louca que afeta humanos) eram entrevistados, ao lado de médicos e cientistas, para tentar relacionar a morte dos enfermos ao consumo de carne contaminada.

O fim dessa história todo mundo conhece. A resposta da população não poderia ser outra: pânico geral, queda nos preços da carne vermelha, açougues fechados, aumento do consumo de frango e peixe e uma crescente adesão ao vegetarianismo. A grande culpa recaiu sobre a mídia. Mas não estaria ela fazendo o seu trabalho? Não era essa a informação a ser passada? Poderiam os meios de comunicação ser acusados de irresponsáveis quando nem a própria comunidade científica conhecia a extensão do problema?

A mídia é movida pela notícia – uma nova informação a cada dia, hora, minuto. Já a ciência costuma ser apresentada como um sistema que proporciona respostas claras e definitivas, como se avançasse lógica e linearmente. Tal e qual toda atividade humana, porém, apesar da determinação e persistência dos pesquisadores na busca da verdade, a ciência tem uma trajetória de acertos e erros. Os cientistas freqüentemente discordam não apenas nas conclusões, como também na natureza das evidências experimentais. As conclusões são aceitas não tanto porque foram comprovadas, mas porque resistiram às tentativas de derrubá-las. A falta de consenso pode ser percebida sobretudo quando são introduzidas novas tecnologias, como a engenharia genética, os novos métodos de reprodução, as aplicações da informática e uma série de questões ambientais.

Embora provisórios, os paradigmas científicos levam muito tempo para ser substituídos por novas teorias. Não é possível provar que algo é definitivamente seguro, pois efeitos imprevisíveis podem aparecer no futuro. Era isso que os cientistas tentavam mostrar às pessoas no caso da vaca louca, enquanto o público queria – sempre quer – respostas do tipo preto ou branco, bom ou ruim, seguro ou perigoso. E a mídia ofereceu – sempre oferece – essas respostas de forma sedutora.

A linguagem e o erro

O risco de uma distorção dos dados é inerente à tarefa de comunicar ciência, ou qualquer outro assunto. Inevitavelmente, as traduções implicam alterações, cortes, interpretações. Além disso, a notícia impressa, por exemplo, passa por várias mãos – repórter, redator, diagramador, editor – até tomar sua forma final. Um texto de originalmente sessenta linhas pode ser cortado, editado ou reescrito em quinze linhas para se adaptar às exigências do diagramador. O redator e o editor podem, por sua vez, imprimir seu sotaque ao artigo. A notícia que sai publicada em jornais ou revistas, portanto, é, em muitos casos, totalmente diferente da versão original do repórter. O mesmo ocorre para notícias de rádio e TV, já que a adaptação do texto e a edição de imagens são capazes de alterar muito o sentido das gravações. As mudanças podem ser tantas a ponto de entrevistados e repórteres não mais reconhecerem sua participação ou autoria no resultado final das matérias.

A linguagem dos artigos ou programas veiculados pela mídia é um fator determinante para o sucesso ou o fracasso da transmissão da informação. Espera-se dos jornalistas – especialistas em comunicação – que saibam escolher, selecionar, interpretar, resumir e traduzir a informação para o público. Para atingir a população, as notícias sobre ciência devem passar, como as de qualquer outra área, por esse processo.

Às dificuldades de interpretação e de edição pode-se acrescentar a variável tempo. Com certeza, ela tem significados diferentes para jornalistas e cientistas. Dificilmente, os cientistas compreendem a pressa aparentemente descuidada dos jornalistas. Estes, sobretudo os que trabalham em noticiários, sofrem com a ironicamente batizada "linha da morte" (*deadline*). Essa é a primeira regra a ser respeitada em uma redação – em uma linha de produção, nenhuma etapa pode falhar –, e por vezes acaba se sobrepondo a outra regra fundamental: a de checar a informação. Pode-se dizer, portanto, que o tempo – ou melhor, a falta dele – é um dos grandes responsáveis por boa parte dos erros veiculados na mídia.

Cabe ressaltar, porém, que não apenas jornalistas erram. Como editora da *Ciência Hoje*, revista de divulgação científica da Sociedade Brasileira para o Progresso da Ciência (SBPC), tenho acesso diário aos pareceres dados por consultores científicos sobre os artigos a serem publicados. Posso assegurar que grande parte dos textos submetidos contêm erros, que variam em gradação, mas não deixam de ser erros. Alguns autores chegam a nomear incorretamente a espécie vegetal ou animal que vêm estudando há anos. Outros apresentam falhas conceituais mais graves ou referem-se equivocadamente a certas passagens históricas. Pesquisadores também podem dar informações erradas ou desatualizadas a repórteres.

Não pretendo, com esses exemplos, justificar os erros cometidos por jornalistas. Apenas desejo lembrar que o deslize, infelizmente, é inerente a qualquer elaboração de textos e veiculação de imagens – mesmo revistas científicas de prestígio, como *Science* e *Nature*, não conseguem se livrar de suas erratas. Lembremos esta passagem de Monteiro Lobato: "Durante a revisão, os erros se escondem, fazem-se positivamente invisíveis. Mas assim que o livro sai, tornam-se visibilíssimos, verdadeiros sacis a nos botar a língua em todas as páginas. Trata-se de um mistério que a ciência não conseguiu explicar..."

Se enorme número de falhas pode ser adicionado ao processo de produção da notícia, existe também, por outro lado, o risco de que, ao manter a precisão e a correção que a metodologia científica requer, o produto final se torne tão desinteressante a ponto de não ser lido, ouvido ou assistido por ninguém. Essa equação deve estar sempre presente na cabeça de quem fornece a informação e de quem a apresenta ao público.

O desafio daqueles que trabalham com divulgação científica é justamente encontrar um equilíbrio entre esses extremos. Existe uma tensão útil nessa relação. Da mesma forma que um jornalista pode pedir a um engenheiro que construa uma casa do modo que ele imagina – e este vai ter de interpretar os dados para construí-la –, o engenheiro deve poder falar sobre seu trabalho ao jornalista para que este o transmita ao público de forma simples, sem jargões técnicos.

Pequeno destaque

Uma reclamação freqüente dos pesquisadores se refere ao pequeno destaque dado às notícias de ciência na mídia. Segundo alguns, gastam-se páginas ou minutos na cobertura de escândalos ou da vida íntima de personalidades famosas, enquanto poucos segundos e linhas são dedicados aos temas científicos.

Vale lembrar que a ciência disputa o espaço de jornais e revistas e o tempo de rádio e TV com mais temas de interesse – cultura, esporte, política, economia e divertimento, entre outros. E o espaço da imprensa e o tempo da TV são preciosos. Cada palavra, cada segundo devem ser contados. O cientista não pode esperar que um artigo de jornal ou um programa de televisão incluam os créditos e as qualificações que conferem rigor aos artigos científicos. Ganham destaque, portanto, as notícias que forem mais bem editadas ou que tiverem maior apelo popular. Em rigor, só entram na edição as notícias que prometerem mais leitura (ou audiência) e, conseqüentemente, melhores vendas de exemplares ou propaganda.

É também verdade que as vendas podem ser asseguradas com notícias sensacionalistas, baseadas em fontes não idôneas e veiculadas por uma mídia maniqueísta. Não parece ser esse o meio ideal para divulgar ciência, embora, em última instância, seja o público quem escolhe o canal a que quer assistir, o programa de rádio a que vai ouvir, o jornal ou a revista que prefere ler, o *site* que pretende visitar.

Os que se queixam da queda do interesse por ciência talvez não estejam agindo da forma mais correta ou não estejam fazendo seu próprio *marketing* com sucesso. É hora de a comunidade científica sair de sua torre de marfim – para usar um chavão da área – e divulgar seus resultados de pesquisa para a sociedade. Afinal, é a própria sociedade que financia, indiretamente, por meio de impostos, os estudos científicos. Esse conhecimento, entretanto, deve ser apresentado de forma agradável e compreensível para o público; caso contrário, qualquer esforço de divulgação será em vão. Nesse sentido, jornalistas podem ser muito úteis aos cientistas, uma vez que têm um *background* em comunicação.

Parece haver um paradoxo entre o interesse popular por assuntos científicos e o espaço que esses temas ocupam na mídia. Pesquisas de opinião feitas por anos e anos mostram que o público quer saber tanto sobre ciência e medicina quanto sobre esporte, política, economia e cultura. A resposta, todavia, depende sobretudo do impacto que a notícia tem sobre a vida das pessoas – o aumento das mensalidades escolares ou dos aluguéis, por exemplo. Isso certamente tem mais apelo do que a descoberta de uma nova partícula atômica. E também depende de como a informação é apresentada. As manchetes ou chamadas, os parágrafos iniciais, as imagens, a cara da página ou programa são determinantes na escolha de uma ou outra notícia. Como o tempo do público é cada vez mais contado, se não for fisgado na hora e da forma certa, o esforço em divulgar uma notícia – de ciência ou de qualquer outra área – torna-se inócuo. A boa forma da notícia é fundamental.

Seja qual for a razão por que se quer divulgar ciência, é preciso ser profissional. Acima de tudo, é necessário competência para ganhar a confiança do público no meio que vai divulgar a notícia; seja ele jornal, revista, estação de rádio, canal de TV ou *website*. Sem essa confiança a venda do produto ficará ameaçada. O que determina a credibilidade de uma notícia é a prova de que a informação veiculada é – ou parece ser – verdadeira e de que vem – ou parece vir – de uma fonte imparcial, não tendenciosa e desvinculada de interesses particulares. É dever e interesse do próprio jornalista divulgar qualquer informação de forma correta, para manter a qualidade de seu produto e garantir sua venda.

O papel da mídia

O primeiro papel da mídia é informar ou, em linguagem crua, vender informação. O bom jornalista é aquele que sabe escolher temas de interesse e consegue transmitir a informação de forma correta e atraente. A credibilidade da notícia é fundamental para incrementar a qualidade de seu produto. O apelo é crucial para garantir sua venda. E, para atingir seu objetivo, os profissionais de comunicação se valem de certos recursos.

Por ser um negócio, não se pode esperar que a mídia divulgue ciência por motivos altruístas. Para ser veiculada pela mídia, a ciência tem de ser capaz de despertar interesse, manter a atenção do leitor, ouvinte ou telespectador até o fim do artigo ou programa, e ser bem entendida pelo grande público.

Os padrões para escolha das notícias são bastante subjetivos, embora seja consenso entre os profissionais da área que temas da atualidade têm de ser divulgados. Muitas vezes, uma boa foto, ilustração ou imagem é suficiente para justificar a veiculação de determinado assunto. O impacto visual é fundamental para prender a atenção. Sem esse apelo, notícias em princípio interessantes podem passar despercebidas. Isso pode ser constatado no mercado editorial: vendem mais as revistas e os jornais que estampam boas fotos em suas capas ou primeiras páginas. O mesmo vale para a televisão: as melhores imagens garantem maiores audiências.

As manchetes na imprensa e as chamadas na rádio e na TV também são fundamentais para prender a atenção do público. Do ponto de vista do editor, o bom título não é apenas o que consegue resumir a notícia, mas o que leva o leitor a se interessar pelo artigo e, em suma, a comprar o jornal ou a revista. A boa chamada, por sua vez, é aquela que faz com que o espectador ou ouvinte não mude de canal ou de freqüência nos minutos seguintes.

Para ser veiculada, portanto, a notícia deve render uma boa imagem ou uma boa manchete, porque, em última instância, é a melhor forma – e não necessariamente o melhor conteúdo – que assegura a maior audiência. Se quiserem alcançar o público, as notícias de ciência, como as de outras áreas, têm de se enquadrar nessas exigências.

Notem que às vezes enfatizo a visão da mídia como negócio, sobretudo para os cientistas e os jornalistas iniciantes. Meu intuito é lembrá-los de que nem sempre é a boa vontade do repórter que dita a matéria. Quando me refiro a negócio, contudo, estou, na verdade, me referindo aos donos de empresas e não à profissão de jornalista em si. Acredito que ainda se pode fazer um trabalho de qualidade apesar da ditadura do dinheiro. Sempre há um jeito de descobrirmos brechas no sistema.

É comum exigir da mídia um papel educativo que ela intrinsecamente não tem. Sua metodologia e a da educação formal não parecem guardar semelhança. Enquanto a primeira tenta transformar a ciência em um tema de interesse popular, a segunda toma os assuntos científicos como base para transmitir conhecimento. Porém, pelo sim ou pelo não, a mídia acaba educando ou deseducando constantemente.

Lembremos que os jornais, o rádio e a TV não são enciclopédias nem professores. Eles fornecem a cada dia novas histórias que as pessoas querem ler, ouvir ou assistir. É lógico que traz satisfação poder transmitir informação disfarçada em uma boa história, mas educar a população não é a função primária da mídia. Pelo menos é o que eu penso.

É verdade também que jornais, revistas, TV e rádio têm de expressar sua opinião sobre determinadas questões, uma vez que o público compra determinado produto porque espera encontrar ali certo ponto de vista.

Em resumo, as pessoas buscam informação, entretenimento, e esperam posições políticas definidas. E a mídia tem de saber atender a essas demandas, qualquer que seja o assunto tratado. Como outros temas, as notícias sobre ciência precisam informar, entreter e, em certos casos, até defender um ponto de vista. A grande questão é fazer tudo isso de forma equilibrada, sem sensacionalismo e sem encantamento exagerado com as maravilhas que a ciência e a tecnologia prometem. Lembremos que a mídia é a rainha das advertências e que as pessoas precisam mais de explicações que de alarmismo.

Alcançar ponderação e equilíbrio e atender, ao mesmo tempo, todas as variáveis necessárias para manter um bom negócio é uma tarefa árdua até para jornalistas experientes. A fórmula vendida nas escolas de comunicação para obter objetividade e imparcialidade é contrapor diferentes opiniões para que o público possa ter um quadro mais amplo – ou mais próximo da realidade – sobre dado assunto. Teoria e prática, todavia, nem sempre coincidem. E, mesmo que fosse possível apresentar pontos de vista variados, existe sempre o viés do próprio repórter. Portanto, objetividade e imparcialidade absolutas são atributos que não se adequam ao jornalismo.

Talvez caiba à mídia uma última função: a de possibilitar o debate sobre questões polêmicas, como o aborto seletivo, a clonagem de embriões ou a comida geneticamente modificada. Não só, e principalmente, porque a mídia tem uma responsabilidade ética, mas – mais uma vez – porque assuntos desse tipo têm apelo popular e asseguram a audiência e a venda do produto.

Se não parece fácil encontrar um ponto de convergência entre os interesses de jornalistas e cientistas, é possível, pelo menos, apresentar certos temas de ciência na mídia sem necessariamente fugir às exigências feitas por ambos os lados.

A participação do público

Estamos acostumados a confiar as decisões de cunho científico aos especialistas. Entretanto, muitas questões consideradas técnicas envolvem também julgamentos de valor. Situações que ameaçam, por exemplo, a segurança do homem e do ambiente não podem ser analisadas apenas sob a perspectiva científica. Correr ou não determinados riscos é uma opção que transcende as fronteiras técnicas e pede um debate mais amplo.

Não há razão alguma para que as decisões sobre uma nova tecnologia e suas aplicações – que podem ter importantes efeitos positivos ou negativos em vários grupos de pessoas – devam ser deixadas apenas nas mãos dos cientistas. Temos no Brasil motivos suficientes para argumentar que as decisões parlamentares devam ser precedidas por uma interação direta e maior entre os vários grupos sociais.

A solução aparentemente mais simples – e já adotada em vários países – para estimular a participação pública nas decisões de grande impacto social é a criação de comitês representativos dos diversos setores da sociedade capazes de avaliar caso a caso e orientar os profissionais envolvidos em cada atividade. Mas, enquanto alguns vêem a regulamentação como prioridade, outros acreditam que ela possa cercear o avanço das pesquisas, sem necessariamente garantir a proteção dos cidadãos.

A liberdade da pesquisa científica e de suas aplicações tecnológicas, entretanto, termina quando se põe em risco a segurança da sociedade. No livro *Resistance to new technology*, o sociólogo francês Alain Touraine adverte que o controle da ciência não é puramente científico e que as conseqüências da ciência e da tecnologia não podem ser aceitas ou rejeitadas unicamente por argumentos científicos. Segundo ele, parece perfeitamente normal que a demanda social seja um dos caminhos pelos quais a pesquisa científica se oriente.

Nesse sentido, a mídia tem um papel fundamental: o de manter as pessoas informadas sobre as novas conquistas científicas para que possam se posicionar diante delas. Vejamos um exemplo: se alguém atropelar uma pessoa intencionalmente e ela morrer, isso será um assassinato. Se o atropelamento, contudo, não for proposital nem infração do motorista, será um acidente. As conseqüências são idênticas, mas a atitude da sociedade com relação ao fato é diferente. Por isso, é preciso definir que atitudes a sociedade pretende tomar diante das conseqüências dos avanços científicos, assim como saber que tipo de riscos ela está disposta a correr.

Outra questão importante é diferenciar a atividade científica do uso político da ciência. Ainda que nenhuma tecnologia seja, em princípio, boa ou ruim, não podemos esperar que sua utilização seja neutra. É importante que o público saiba como, quando, por que e por quem um novo procedimento ou nova técnica serão empregados.

Lembremos também que não é pelo fato de que algo possa ser feito que ele necessariamente deva ser feito. Enquanto para os cientistas o grande desafio é dominar ao máximo as novas ferramentas que criam, minimizando os riscos e otimizando seus benefícios, para a sociedade a meta deve ser elaborar um código moral – que seja baseado no senso comum e pondere as implicações econômicas, ambientais, sociais e éticas – capaz de orientar as ações dos especialistas.

Confiança na ciência

A sociedade do século XX é fruto de uma cultura tecnocientífica, que tem no progresso e no desenvolvimento valores substanciais. Os avanços obtidos em prol do bem-estar social são diretamente atribuídos à ciência e à tecnologia. Os benefícios alcançados nas áreas de saúde, habitação, transporte, alimentos, vestuário, energia ou comunicação estão relacionados à obra de cientistas ou técnicos. É natural, portanto, que a maior parte da população veja as aplicações da ciência e da tecnologia como elementos capazes de melhorar suas vidas. É compreensível também que as pessoas mostrem confiança e otimismo nas realizações tecnocientíficas, porque elas estão, em sua maioria, associadas a valores como conforto, liberdade, poder e felicidade.

A confiança popular se apóia em uma cultura que concebe a ciência como forma de conhecimento do mundo natural, que permite prever, calcular, programar e demonstrar eventos com objetividade e precisão. Esse é o modelo de conhecimento que mais influenciou o século passado. O *status* de saber exemplar e o reconhecimento da autoridade científica podem ser observados sobretudo na publicidade promovida pelo mundo industrializado, que aponta os produtos cientificamente testados ou aprovados pela ciência como idôneos, seguros e aptos para o consumo. Pode-se dizer com segurança que o público, em geral, respeita a autoridade científica e reverencia seus feitos.

Nas últimas décadas, entretanto, uma série de acontecimentos e experiências malsucedidas em diferentes áreas do conhecimento têm suscitado certo receio e ceticismo por parte da população com relação às aplicações e ao uso desse saber. As pessoas passaram a questionar, por exemplo, os reais benefícios da energia nuclear, sobretudo após o acidente de Chernobyl. Os horrores decorrentes do uso da talidomida mostraram como o limite do conhecimento pode transformar boas intenções em graves prejuízos – na época de sua invenção, não se sabia que a estrutura simétrica do poderoso calmante era capaz de causar anormalidades em embriões. Todavia, o remédio foi largamente prescrito antes que seus efeitos fossem estudados a fundo. Caso semelhante foi o do hormônio dietilstilboestrol (DES), usado para evitar abortos, mas que se mostrou capaz de provocar esterilidade nas usuárias e aumentar o risco de câncer em suas filhas. Outra situação é a da indústria agroquímica, que disseminou o uso de pesticidas sintéticos, prometendo reduzir os prejuízos na agricultura e acabar com a fome no mundo. O resultado foram sérios danos ecológicos e a ameaça da sobrevivência de algumas espécies.

A desconfiança da população é visível. Já não acredita na ciência como um conjunto de princípios irrefutáveis nem vê as tecnologias como ferramentas de poderes ilimitados.

Quando conclusões científicas tidas como certas se revelam falsas, as pessoas começam a perder a fé em toda a ciência. Nada, porém, permite aos cientistas apresentar-se – ou apresentar seus resultados – como infalíveis. O único caminho para recuperar a confiança do público na ciência parece ser o reconhecimento de que ela falha.

É improvável que a credibilidade na ciência seja reconstituída sem a popularização do saber científico. A transparência das ações dos pesquisadores e a manutenção do diálogo com a população são vitais para que essa aproximação ocorra e os vínculos de confiança mútua se restabeleçam. O mesmo vale para as novas tecnologias. Os indivíduos – como consumidores das potenciais aplicações – podem se recusar a comprar os novos produtos se os considerarem desnecessários, perigosos ou danosos. Se as necessidades e os desejos destes consumidores não forem levados em conta, o sucesso das novas tecnologias estará ameaçado. Até por uma questão estratégica de mercado, conhecer a opinião do público é fundamental para ganhar sua aceitação.

O interesse por ciência

O *gap* de comunicação entre os cientistas e a população não é uma constatação nova, assim como também não é recente o reconhecimento da necessidade de uma aproximação maior entre ambas as partes. Mas foi na década de 1980 que as iniciativas para reduzir esse distanciamento ganharam novo impulso no Brasil. Isso pode ser comprovado pelo lançamento de revistas de divulgação científica, como *Ciência Hoje*, *Ciência Hoje das Crianças*, *Superinteressante* e *Globo Ciência* (hoje *Galileu*), e do programa de TV *Globo Ciência* e de rádio *Tome Ciência*, só para citar os de maior repercussão.

O aumento da oferta de temas científicos na mídia, entretanto, não parece guardar uma relação direta com um maior entendimento do assunto pelo público. Grande interesse por esse assunto não implica necessariamente compreensão precisa de conceitos específicos. Por outro lado, é muito difícil medir o grau de conhecimento das pessoas.

Algumas razões podem ser apontadas para justificar maior investimento na divulgação científica pelos governos e maior envolvimento por parte dos cientistas com a popularização da ciência. Primeiro, acredita-se que uma população alfabetizada em ciência seria essencial para formar uma força de trabalho especializada e mais bem treinada, o que resultaria em maior prosperidade para a nação. Um melhor entendimento da ciência teria também repercussões diretas no dia-a-dia dos indivíduos, como o maior cuidado com a própria saúde. Além do fato de que a compreensão de aspectos tecnocientíficos lhes permitiria tomar decisões mais apropriadas sobre questões polêmicas, como clonagem ou alimentos geneticamente modificados, tornando o debate mais democrático.

Diferentes pesquisas têm sido feitas em vários países para conhecer o real grau de entendimento de ciência pelos leigos, seu interesse pelos temas científicos, seu nível de envolvimento com o assunto e as fontes de informação em ciência que mais procuram. Alguns estudos têm procurado avaliar também o grau de conhecimento e de aceitação das novas tecnologias pela população. Os resultados, contudo, têm sido muitas vezes interpretados à luz de duas posturas extremas: uma que aponta a ignorância e limitação do público como principal obstáculo para um real entendimento do saber científico; outra que culpa os cientistas – e a educação formal – por não transmitirem a ciência de forma clara, atraente e acessível para leigos.

Uma pesquisa recente revelou dados sobre a compreensão de nossos jovens para com temas científicos. Segundo o Programa Internacional de Avaliação de Estudantes (Pisa), conduzido pela Organização das Nações Unidas para a Educação, a Ciência e a Cultura (Unesco), em 2003, que envolveu 43 países, o Brasil obteve uma péssima classificação no quesito aptidão para as ciências: 42º lugar. A limitação desse conhecimento, entretanto, não deve ser interpretada como falta de interesse popular pelo assunto.

O mito de que o público não se interessa por ciência precisa ser derrubado. A fascinação e o respeito pela ciência nunca foram tão altos, nunca antes a ciência foi apresentada em tantos diferentes meios de comunicação e de maneiras tão variadas (só em 2004 foram lançadas no Brasil, por exemplo, duas novas revistas de divulgação científica: *Sapiens* e *Discovery*, e em 2002 chegou a nós a versão brasileira da *Scientific American*). Se muitas das iniciativas de divulgação falharam, foi mais pela falta de confiança dos anunciantes do que pelo desejo dos leitores.

Não sejamos pessimistas, portanto, e confiemos que uma divulgação científica de qualidade pode ser feita, sim. Acreditemos também que o público, de modo geral, aprecia – e muito – temas científicos, porque são fascinantes. E lembremos que não é necessário ser iniciado ou especialista em ciência para mostrar interesse por ela, da mesma forma que não é preciso conhecer o timbre de cada instrumento de uma orquestra para apreciar uma boa composição musical. Mais do que uma alfabetização em ciência, o público precisa de bons intérpretes.

Referências bibliográficas

ACKRILL, Kate. *The role of the media in science communication.* Londres: Ciba Foundation, 1993.

DUNWOODY, Sharon; FRIEDMAN, Sharon M.; ROGERS, Carol L. *Scientists and journalists – Reporting science as news.* Nova York: American Association for the Advancement of Science, 1986.

IRWIN, Alan; WYNNE, Brian. *Misunderstanding science? The public reconstruction of science and technology.* Cambridge: Cambridge University Press, 1996.

JOSS, Simon; DURANT, John. *Public participation in science.* Londres: Science Museum, 1995.

KENWARD, Michael. *Going public: an introduction to communicating science, engineering and technology.* Londres: Departamento de Indústria e Comércio, 1996.

TOURAINE, Alain. "The crisis of 'progress'". In: BAVER, M. (ed.). *Resistance to new technology.* Cambridge: Cambridge University Press, 1986.

Sites de referência

Associação Brasileira de Jornalismo Científico
www.abjc.org.br

Observatório da Imprensa
www.observatoriodaimprensa.com.br

Núcleo José Reis de Divulgação Científica
www.eca.usp.br/nucleos/njr/

Divulgação ou jornalismo?

Duas formas diferentes de abordar o mesmo assunto

MARTHA SAN JUAN FRANÇA*

Agradável e instrutivo

Jornalismo, como diz Clóvis Rossi, um de seus mais respeitados representantes, é uma fascinante batalha pela conquista da mente e do coração de seus alvos: leitores, telespectadores, ouvintes e, mais recentemente, internautas. Trata-se de uma batalha sutil, que usa a palavra e, no caso da televisão, as imagens como estratégia. Uma de suas premissas é a noção de que não existe informação neutra, objetiva ou isenta de interesses. Faz parte da batalha, portanto, apontar as condições em que se deu a notícia para que o leitor tire suas conclusões.

Essa característica do jornalismo, bem aceita e valorizada no noticiário de política, economia e polícia, também deveria valer para ciência.

---

* Jornalista e doutoranda em História da Ciência pela PUC/SP. Trabalhou nas editorias de Ciência e Tecnologia dos jornais *Folha de S.Paulo* e *Estado de S. Paulo* e nas revistas *Superinteressante* e *Época*. Foi diretora da revista *Galileu* e atualmente dirige a revista *Horizonte Geográfico*. Recebeu o Prêmio José Reis de melhor jornalista de ciência de 1993. É professora de Jornalismo e Divulgação Científica da pós-graduação *lato sensu* em História da Ciência da PUC/SP e vice-presidente da Associação Brasileira de Jornalismo Científico.

Entretanto, não é isso o que ocorre. Parece estranho, mas no modo de pensar de muitos jornalistas que não cobrem a área e dos tomadores de decisão em empresas de comunicação as reportagens de ciência precisam ser bonitas, agradáveis e principalmente instrutivas. Só isso. Se tiverem o aval de alguma autoridade reconhecida – o cientista –, não devem ser contestadas. É como se os assuntos de ciência, tecnologia, saúde e meio ambiente não envolvessem polêmicas.

Como se verá mais adiante, essa diferença tem uma fundamentação histórica herdada dos longínquos séculos XVI e XVII, durante a chamada Revolução Científica. E se reflete na imagem que parte da população tem da ciência. Pesquisa realizada entre fins de 2002 e começo de 2003, constante do Projeto Ibero-Americano de Indicadores de Percepção Pública de Ciência, mostra que, no imaginário social dos países estudados (Argentina, Brasil, Espanha e Uruguai), a ciência está associada a "grandes descobertas", condição de "avanço técnico" e fonte de "melhoria de vida humana".

Acredita-se, segundo esse modelo, que a ciência busca a verdade, não apenas por amor ao conhecimento em si mesmo, mas também porque suas descobertas são úteis para a sociedade e resultam em progresso e bem-estar. Nesse sentido, os cientistas se tornam aliados do Estado moderno, seu conhecimento e suas descobertas contribuindo para melhorar as relações entre os povos, a indústria, a saúde, a qualidade de vida e o destino das nações democráticas.

A tentativa de passar o conhecimento científico para a sociedade de uma forma que ela aceite, aprove e absorva está na raiz do que se convencionou chamar de divulgação científica. Um de seus primeiros representantes é, por exemplo, Voltaire (1694-1778), cuja extensa produção inclui algumas obras claramente de divulgação, como *Elements de la philosophie de Newton* (Elementos da filosofia de Newton), *Remarques sur les pensées du Pascal* (Observações sobre os pensamentos de Pascal), ou *La métaphysique de Newton et de Leibniz* (A metafísica de Newton e de Leibniz). Voltaire é um dos colaboradores da Enciclopédia francesa cuja fundamentação é basicamente didática, pois visa levar a um público numeroso alguns conhecimentos científicos de posse apenas de uma minoria.

A divulgação científica foi assim associada desde os seus primórdios à educação, ou melhor, à proposta de despertar na população a consciência da importância da pesquisa científica e tecnológica, dando ênfase a determinados trabalhos. A idéia é, portanto, impedir a formação de um abismo de incompreensão entre os cientistas e a sociedade para que, tanto quanto possível, todos – sem exceção – falem a mesma língua.

Novas culturas, a mesma idéia

Essa proposta foi se adaptando aos tempos, às culturas, às sociedades. Os livros de jornalismo científico indicados pelas escolas de comunicação contam como se deu a divulgação sistemática pela imprensa de assuntos sobre ciência dos primeiros tempos das publicações das sociedades científicas até o século XIX. Relatam o nascimento do assim chamado jornalismo científico na segunda década do século XX e sua rápida popularização resultante do interesse do público pela explosão técnico-científica do período. Mostram como o desenvolvimento de armas, utilizadas na Primeira e na Segunda Guerras Mundiais, chamou a atenção da imprensa para as descobertas científicas e como várias empresas jornalísticas começaram a colocar profissionais em tempo integral voltados para assuntos da área.

Em 1919, o *The New York Times* já apontava a crescente preocupação nos Estados Unidos com a falta de conhecimento do público sobre os desdobramentos da física e de outros ramos da ciência, frisando que a democracia poderia ser ameaçada se atividades intelectuais importantes fossem limitadas a um pequeno número de pessoas. Nesse contexto, em 1921, o magnata americano Edwin W. Scripps, fundador de trinta jornais e agências noticiosas, criou o *Science Service*, que serviu de modelo de como escrever sobre ciências. Vendeu seus artigos a mais de cem jornais durante os anos 1920, alcançando uma marca superior aos sete milhões de leitores – um quinto da circulação total da imprensa americana, influenciando também outros países, entre eles o Brasil.

Paralelo ao desenvolvimento da sociedade, do espetáculo ou da cultura do entretenimento, o *Science Service* criou a forma como a ciência deveria se tornar notícia dali para a frente. Seu primeiro editor, Edwin Emery Slosson, deixou muito claro o pensamento que norteava suas idéias de divulgação científica: "O sucesso de nosso experimento de um governo democrático depende da educação do povo e o seu reconhecimento do valor da ciência e da tecnologia, e no poder de discriminação entre lideranças científicas e não científicas no pensamento e na política", dizia.

Para isso, tinha de enfrentar algumas questões relevantes, sendo talvez a mais importante a crescente especialização da ciência que afastava o público dos cientistas e tornava muito difícil entendê-los. "Nosso plano é tentar acuar a falsidade pela verdade e apresentar a informação científica de um modo que a fará tão atrativa quanto a desinformação que agora ocupa o campo", afirmava Slosson.

Tornar a ciência atrativa não seria uma tarefa fácil, especialmente quando se dizia na época que a média de inteligência dos leitores nos EUA era semelhante à de uma criança de 13 anos. Essa é a idade mental em que o interesse só é despertado pelos caprichos da natureza e não pelos seus processos. De uma forma menos sutil, Slosson garantia que o público americano que ele estava tentando conquistar vivia "no estágio cultural em que vacas de três cabeças, gêmeos siameses e mulheres barbadas atraem multidões". Sua idéia, portanto, era fortalecer os aspectos sensacionais e quase mágicos da ciência, apresentando o cientista como um feiticeiro moderno.

As notícias deveriam ser curtas, enfatizando os aspectos superlativos da ciência: o mais rápido, o mais devagar, o mais quente, o mais frio, o maior, o menor, o mais novo, o mais velho. Como a ciência também parecesse impessoal e abstrata, as notícias deveriam apresentar "interesse humano" e enfatizar os aspectos românticos e dramáticos dos fatos científicos, além de chamar a atenção para o seu conteúdo educacional.

"Drama e romance misturados com fatos úteis" ou, como colocava Slosson, "apresentar o drama contido em todo tubo de ensaio, em toda pá de terra que traz a história de civilizações antigas".

Outra dica que deveria ser aproveitada: a exploração de grandes nomes. A idéia não era apresentar a ciência como o resultado do trabalho apenas de um grupo de gênios, mas não faria mal transformar os seus protagonistas em heróis, já que o público gostava de heróis. Convinha ainda aproximar a ciência do conceito de uma "nova fronteira da humanidade" e fazer dos cientistas "pioneiros modernos". Como dizia Slosson, "a vida dos exploradores é sempre excitante, seja penetrando o coração da África como Livinstone, ou o coração do átomo, como Bohr".

Tais idéias podem parecer ingênuas hoje, mas prestando atenção veremos que elas estão presentes em boa parte das notícias jornalísticas sobre ciência. E certamente muito presentes nas revistas populares de divulgação, como *Superinteressante* e *Galileu*, que são abertamente dirigidas para crianças e jovens com idade de 13 anos ou um pouco mais. Chama a atenção, porém, o fato de que esse invólucro com o qual são embrulhadas as notícias é apenas isso – um invólucro. Por trás, continua presente o mito da neutralidade da ciência e da busca da verdade acima de tudo. O papel do divulgador, desse ponto de vista, foi bem definido por William Laurence, pioneiro das notícias de ciência no *The New York Times*: "Somos verdadeiros descendentes de Prometeu, tiramos o fogo do Olimpo científico, das universidades e laboratórios, e trouxemos para o povo".

Tradução de notícias

Essa cultura de divulgação científica, tão bem assimilada pelos jornalistas, trouxe inúmeros problemas que se tornaram mais evidentes com o passar dos anos. Em primeiro lugar, quem escreve sobre ciência? A história está cheia de bons exemplos de cientistas-divulgadores (Darwin, Freud, Huxley, Sagan, Stephen Jay Gould). Apesar disso, parece que entre a comunidade científica persiste a idéia de que a divulgação é uma questão difícil de se resolver e de pouca importância. Em alguns países, o divulgador científico é alguém com certo grau de especialização para escrever sobre assuntos específicos que desistiu de fazer carreira como pesquisador. Em outros, como o Brasil, quem escreve sobre ciência é mesmo o jornalista. E, até recentemente, quando o jornalismo científico ainda era uma iniciativa de poucos meios de comunicação, persistia uma enorme desconfiança das fontes, representadas por pesquisadores, professores e outros profissionais de áreas técnicas, em relação às notícias sobre ciência.

Em geral, esses profissionais sentiam-se bastante inseguros ao dar entrevistas, pois não acreditavam na capacidade de os repórteres compreenderem e depois escreverem sobre suas atividades. Para eles, também era muito difícil ver aquela linguagem, aprimorada em anos de laboratório e revistas científicas, transformada de modo a ficar ao alcance do tal "público médio". Com raras exceções, esses cientistas não sabiam se expressar para uma platéia leiga. Tendiam a ser desnecessariamente detalhistas e técnicos. Utilizavam um jargão incompreensível para os que não acompanhavam sua especialidade.

Em entrevista que fez parte de um estudo realizado em 1998 nos Estados Unidos para verificar o hiato que existe entre o público e as informações científicas, o então chefe da Fundação Nacional de Ciências daquele país, Neal Lane, resumiu bem a situação: "Não entendemos bem a nossa audiência. Temos de ter tempo para pensar como nosso vizinho, o cunhado, a pessoa que calcula nossos gastos, para aí entender por que é difícil para eles nos ouvir falar. Nós não dominamos essa linguagem e não praticamos o suficiente".

Essa constatação levou a um esforço por parte dos cientistas para mudar. Não apenas porque tinham uma preocupação em se fazer compreender. Ultimamente, a idéia da autonomia da ciência e do desinteresse do conhecimento científico – que durante muito tempo constituíram a ideologia dos cientistas – caiu por terra diante do fenômeno global de industrialização da ciência e de seu comprometimento com os centros de poder econômico, social e político, os quais passaram a ter um papel decisivo na definição das prioridades científicas. Pesquisas científicas dependem cada vez mais de verbas públicas e de financiamento privado e, para obtê-las, o contato com a imprensa tornou-se imprescindível.

Os anos 1990 assistiram a um rápido crescimento de equipes de comunicação a serviço de instituições de pesquisa, assim como de cursos especializados em divulgação científica em diversos níveis. Foram organizados palestras, debates na televisão, seminários. A comunidade acadêmica passou a se preocupar cada vez mais com a qualidade da tradução que jornalistas sem formação em ciência ofereciam dos temas complexos relacionados à produção científica do final do século XX.

O resultado de tamanha mobilização foi o aparecimento de artigos mais claros, o aumento da visibilidade e certamente um interesse maior do público sobre ciência. Não por coincidência, na década de 1990 presenciaram-se o aparecimento de uma quantidade e variedade maior de notícias nos jornais, nas rádios e na televisão, o surgimento de novas revistas de divulgação popular e especializada, o aparecimento de canais como *National Geographic* e *Discovery* na televisão paga e a inserção de temas científicos em programas de TV aberta, como o *Fantástico* da Rede Globo.

Particularmente nos jornais, as matérias de ciência deixaram de ocupar o terreno que sobrava do noticiário internacional e ganharam espaço próprio. Se antes se referiam apenas a pesquisas realizadas nos Estados Unidos e em alguns países da Europa, divulgadas pelas agências internacionais, nessa época passaram a se referir também a conquistas nacionais. A Amazônia, a biodiversidade brasileira, o esforço para a decodificação do genoma da praga do amarelinho nos laranjais deixaram de ser tratados apenas como questões exóticas em um país tropical do Terceiro Mundo.

A questão do projeto genoma brasileiro merece ser analisada com mais detalhes. O projeto internacional de seqüenciamento do genoma humano ganhou bastante destaque na imprensa internacional durante seus treze anos de duração (1990-2003). Foi considerado "o maior avanço da ciência", "a chave para explicar a vida" e outras comparações grandiloqüentes. Um grupo de cientistas paulistas, financiado pela Fundação de Amparo à Pesquisa do Estado de São Paulo (Fapesp) resolveu aproveitar a mão-de-obra especializada disponível nessa área para desenvolver um projeto que interessava particularmente ao estado e dar visibilidade ao trabalho nacional de pesquisa.

O objetivo também era transpor uma dificuldade crônica da pesquisa brasileira em transitar dos artigos científicos para o mundo empresarial. Como foi denunciado várias vezes, um dos problemas do país é a falta de ligação entre os institutos de pesquisa, basicamente estatais (seja do ângulo institucional, seja de financiamento), e o mundo da produção. Critica-se, em geral, a iniciativa privada brasileira por estar desinformada e pouco interessada em reservar capital de risco para financiar a metamorfose da pesquisa básica em produtos e processos e por comprar, em conseqüência, pacotes tecnológicos fechados, normalmente no exterior ou de suas matrizes internacionais.

O projeto genoma brasileiro ou o seqüenciamento do genoma da *Xylella fastidiosa* (praga que provoca o amarelinho nos laranjais) foi uma tentativa de atravessar esse fosso entre pesquisa e produção. E para isso foi muito bem noticiado na sua criação, no seu desenvolvimento, na sua forma de pesquisa, no esforço nacional etc. A Fapesp não poupou esforços em informar sobre o projeto que, de resto, tornou-se capa da revista científica inglesa *Nature* (o que também não deixou de ser salientado na imprensa brasileira). Não houve restrições a informações. Ao contrário. Pode-se dizer que, pela primeira vez, houve um esforço concentrado para que um assunto complicado de ciência chegasse ao público da maneira mais clara possível.

A qualidade da informação

Da parte dos jornalistas que se dedicam a escrever sobre ciência, também houve uma sensível melhora na década de 1990. Veja o que dizia o crítico da imprensa e jornalista Alberto Dines sobre o jornalismo científico no período anterior: "Não passa de um noticiário sintético e raso que nos chega pelas agências internacionais, ao qual o jornal não tem condições de acrescentar coisa alguma pela falta de especialistas". Dines referia-se ao fato de a maioria dos jornais agregar ciência às editorias internacionais para aproveitar o fluxo de material das agências que constituíam a base de 90% das notícias sobre ciência.

Aos poucos, o jornalismo científico ganhou características próprias e mão-de-obra específica. Com o tempo, formou-se uma geração de profissionais interessada em ciência e disposta a investir sua carreira nessa área. Em alguns dos maiores meios de comunicação, repórteres e editores ganharam bolsas para se aperfeiçoar em universidades americanas e européias, cursos de especialização e estágios na imprensa internacional.

Essa evolução pode ser atestada por meio de um exemplo prático: o das notícias sobre Aids. Quando a epidemia começou a se manifestar nos Estados Unidos (início da década de 1980), depois de ter surgido na África, nada se sabia sobre o assunto. À medida que os médicos foram aprendendo sobre o vírus, o processo de transmissão, e tentando obter um remédio e a cura, as notícias foram se avolumando. Notícias essas que encontraram nas redações um pessoal despreparado para explicá-las. Não havia editores e jornalistas especializados nem tempo para treinamento. Como resultado, boa parte das reportagens científicas sobre a Aids, de início, trouxe mais confusão do que esclarecimentos.

A confusão vigorou durante muito tempo e, em certos casos, ainda persiste; porém, à medida que jornalistas, médicos, pesquisadores e ativistas das entidades que representam os doentes foram se familiarizando com as descobertas mais recentes, as notícias melhoraram de qualidade. O Programa Nacional de Combate à Aids teve a preocupação de fornecer à imprensa informações de forma contínua, além de manter uma *homepage* na internet com dados atualizados.

Chama a atenção nesse processo o papel dos grandes laboratórios farmacêuticos. Quando foi do interesse deles tornar conhecidos os resultados positivos dos medicamentos contra o HIV, houve empenho para obter uma boa cobertura jornalística. Suas assessorias de imprensa ofereceram farto material impresso, entrevistas com médicos, gráficos e números. Patrocinaram viagens dos repórteres dos grandes jornais brasileiros a congressos nacionais e internacionais, nos quais eram oferecidos artigos, esclarecimentos e manuais com explicações de especialistas contratados para tornar as pesquisas inteligíveis à maioria das pessoas.

Independentemente do interesse por trás desse investimento, havia material suficiente para que qualquer jornalista aplicado pudesse escrever sobre o assunto: entrevistas com cientistas renomados, *press-releases*, publicações, desenhos e quadros com todas as informações sobre Aids. Ao final de duas décadas, as notícias sobre o hiv falavam sobre cepas de vírus mais comuns, receptores (proteínas) nas superfícies das células de defesa, estratégias para a fabricação de anticorpos visando à obtenção de vacinas – temas, enfim, que nem se sonharia em abordar dez anos antes.

Divulgação ou jornalismo?

Pode-se dizer que o grande sonho proposto em meados do século XX de uma divulgação de melhor qualidade chegou ao ponto de ser alcançado. A partir da década de 1990, tanto quanto possível nas condições da imprensa brasileira, traduziu-se para o público o que os cientistas estavam fazendo de bom, interessante, útil e positivo nos laboratórios. Mas será isso suficiente?

A análise feita até aqui refere-se quase exclusivamente à divulgação científica e ao que os cientistas desejosos de mostrar o seu trabalho entendem desse assunto. Essa necessidade, contudo, acabou trazendo alguns problemas. Vejamos um exemplo simples. Em nenhuma outra área do jornalismo, como política, economia e polícia, se admite como condição para dar entrevista que o texto final seja submetido à aprovação do entrevistado. Acontece com as notícias sobre ciência.

Não passa pela cabeça do jornalista mostrar o resultado do seu trabalho ao parlamentar, economista ou delegado com quem conversou para que ele dê o seu aval ao que será publicado. Mas no jornalismo sobre ciência, a dificuldade natural em avaliar assuntos complexos fala mais alto e a quebra dessa regra é, às vezes, até incentivada diante da dificuldade de entendimento da linguagem cifrada dos entrevistados. Na busca do didatismo em primeiro lugar e diante da desconfiança das fontes na capacidade intelectual dos repórteres, a reportagem, muitas vezes, precisa ter aprovação prévia para ser publicada.

A relação dos jornalistas de ciência com suas fontes é bastante diferente da dos colegas ligados à política ou economia. Muitos repórteres de ciência se sentem maravilhados com o privilégio de conviver com pessoas que detêm um conhecimento acima da maioria e se dispõem a conversar com eles de igual para igual. Vivem felizes e em lua-de-mel com os cientistas. Podem trocar *e-mails* ou dispor de horas valiosas de ganhadores de Prêmio Nobel, astronautas que fizeram história, pioneiros em todas as áreas, pensadores que fazem a cabeça desta e de outras gerações, sem ter eles próprios PhD em nada. Aceitam a ideologia da ciência como uma autoridade neutra, um juiz objetivo da verdade. Sentem-se confiantes por trabalhar em uma área em que aparentemente não existem conflitos e na qual não terão de prestar contas ao público e até mesmo a seus chefes pelo que escreveram.

No livro *Selling science: how the press covers science and technology* (Vendendo ciência: como a imprensa cobre ciência e tecnologia), a jornalista e pesquisadora americana Dorothy Nelkin analisa a complexa relação entre cientistas e jornalistas nos Estados Unidos e como essa relação afeta a cobertura de notícias de ciência que é apresentada a leitores, ouvintes, telespectadores e internautas. Ela afirma que a mídia americana – pode-se dizer por extensão a brasileira – aceita cegamente o que as revistas especializadas como *New England Journal of Medicine*, *Science*, *Lancet* e *Nature* divulgam, porque acreditam que suas informações já passaram pelo crivo rigoroso dos cientistas.

Enquanto repórteres de política e economia freqüentemente vão além dos *releases* oficiais para comprovar a veracidade das notícias, os colegas de ciência se contentam com a informação autorizada, os *papers* (relatórios científicos), as entrevistas coletivas e as revistas especializadas. Enquanto as notícias de outras áreas são normalmente objeto de crítica, a ciência e a tecnologia são poupadas; até que ocorram acidentes trágicos. Se bons jornalistas são reconhecidos – e temidos – por suas análises críticas, no caso de ciência, a investigação e a crítica costumam passar longe.

Em grande parte das notícias de ciência, não existe o contraditório. Ao se divulgar um trabalho científico sem citar outras conclusões ou visões sobre o mesmo assunto, dá-se a impressão ao leitor de que aquele constitui uma verdade absoluta. O papel do jornalista acaba não sendo muito diferente daquele que seria de um assessor de imprensa do pesquisador que deu a entrevista. E o resultado confunde e lança dúvidas na própria pesquisa. Café faz bem ou faz mal? A dieta A é melhor do que a dieta B? O mundo está ficando mais quente? Cada pesquisa diz uma coisa diferente, mas todas são divulgadas como respostas absolutas para a questão.

Tão importantes, ainda que muitas vezes deixados de lado, são os conflitos e as disputas acirradas entre grupos de pesquisa, principalmente quando estão envolvidos recursos financeiros. O próprio sistema de avaliação de projetos de estudos entre pares, o chamado *peer review*, constantemente bombardeado por acusações de perseguições e favorecimento, não costuma ser contestado. Apesar disso, em conferência realizada em 2001, a World Association of Medical Editors considerou impossível controlar a honestidade das pesquisas patrocinadas por setores da indústria farmacêutica. Em conseqüência, cresceu o número de publicações que exigem dos autores dos trabalhos científicos que se manifestem formalmente sobre vínculos financeiros ou de outro tipo que podem caracterizar conflitos de interesse e, portanto, influir nas conclusões das pesquisas.

A questão é ainda mais abrangente. Dificilmente um cientista é capaz de analisar a própria ciência, as condições em que ela se desenvolve, os contextos culturais e as implicações. Mal comparando, ao apresentar o resultado do seu trabalho, um especialista em física espacial da Nasa teria de explicar não apenas como funciona o foguete, mas também como funciona a Nasa, a pesquisa espacial, as variáveis da pesquisa americana, enfim, aspectos que poderiam ser abordados em uma matéria jornalística além da simples notícia, mas estão além de sua atividade específica.

Divulgação ou educação?

Um pouco antes de morrer, o cientista e grande divulgador de ciência Carl Sagan escreveu *O mundo assombrado pelos demônios*, em que se mostra profundamente decepcionado com a falta de compreensão da ciência pela população americana. "Os norte-americanos se orgulhavam outrora de seus inventores, que foram pioneiros ao criar o telégrafo, o telefone, a luz elétrica, o toca-discos, o automóvel, o aeroplano. À exceção dos computadores, tudo isso parece coisa do passado. Para onde foi toda a 'engenhosidade ianque?'", pergunta o estudioso. De fato, a questão é desoladora, ainda mais quando se pensa que Sagan e outros autores igualmente talentosos tenham dedicado suas vidas à divulgação da ciência.

Admito que os meios de comunicação têm o importante papel de despertar o interesse do público pela ciência. Há muitos casos de reportagens científicas bem-feitas, escritas com clareza, visão crítica e estilo provocativo. Infelizmente, exigem tempo, espaço e dedicação – algo muito raro nas condições em que trabalham os jornalistas ultimamente. Independentemente disso, nos moldes em que é feita, a cobertura da mídia sobre ciência costuma ser promocional e favorecer a indiferença. Torna-se um assunto para consumo e entretenimento nas noites de domingo em vez de tema importante da agenda econômica e social.

Um exemplo são as notícias sobre os programas espaciais, como a chegada da nave Cassini-Huygens a Saturno ou a exploração de Marte pelas sondas-robôs Opportunity e Spirit. Se o objetivo da Nasa não é bem compreendido, mas ainda assim apresentado de forma espetaculosa, não tem importância, pois se considera que os detalhes estão acima da compreensão do público.

Esse tipo de reportagem não ajuda os leitores a entender a natureza da evidência científica e contribui para alimentar o conceito arcaico de que a ciência é neutra e não o resultado de decisões políticas e econômicas, parte de uma atividade social e, portanto, acessível a toda a população. Não é apenas uma questão de falta de compreensão da própria ciência, razão das queixas de Carl Sagan. Ao focalizar pesquisas individuais e eventos dramáticos, grandes descobertas e histórias de sucesso, as notícias de ciência falam pouco dos processos e da rotina dos laboratórios, das falhas e controvérsias, das incertezas e implicações. O público fica confuso e se considera mal informado. Não se dá conta das conseqüências, o que se mostra evidente em muitas polêmicas – testes genéticos, aquecimento global, aproveitamento de fontes alternativas de energia, experiências com seres humanos e animais, patentes de substâncias nativas etc.

Tome-se o caso emblemático dos alimentos transgênicos. O noticiário brasileiro, como também acontece em outros países, é marcado por um debate confuso, recheado de argumentações apaixonadas de parte a parte, destinadas mais a ganhar posição do que a esclarecer. De um lado, parte do governo federal, da indústria e da comunidade científica defende os vegetais geneticamente modificados. De outro, ONGS, parte do governo federal e alguns governos locais e estaduais barram as iniciativas para expandir o plantio pelo território nacional. No meio disso tudo, agricultores plantam transgênicos, indiferentes à discussão.

O resultado é que, passados vários anos, não se consegue chegar a algo próximo de um consenso sobre esse assunto. E mais: existe uma profunda desconfiança da população sobre as partes envolvidas. Essa desconfiança, por extensão, atinge questões relacionadas, como clonagem, uso de células-tronco, limites da reprodução assistida e outras áreas das biociências. Lembrando o resultado da pesquisa sobre a percepção pública citada no início desse capítulo, 71% dos brasileiros consultados se consideram pouco informados sobre ciência.

Se serve de consolo, a situação é igual em toda parte – já se viu que era assunto para livro de Carl Sagan, um dos grandes divulgadores da ciência nos Estados Unidos. Na Inglaterra, a questão suscitada depois do problema do mal da vaca louca levou governo, indústrias e cientistas a repensar como estavam tratando o público e fazendo a divulgação de informações relativas à ciência. O pânico despertado pela notícia da contaminação da carne bovina na população daquele país abriu caminho para que o Parlamento Britânico criasse uma comissão para estudar o assunto. O grupo preparou um documento, intitulado *Science and Society*, em que alerta para o fato de que:

> [...] apesar de os cientistas serem uma minoria da população, o exercício da cidadania democrática, em uma sociedade moderna, depende, entre outras coisas, da habilidade dos cidadãos de entender, criticar e utilizar afirmações e idéias científicas. Como já tem sido observado, as aplicações da ciência levantam ou alimentam complexas questões sociais e éticas, que os governos e a indústria devem tratar de modo a ganhar a confiança do público. [...] Ao mesmo tempo, a resistência, tanto a bem fundamentada como a equivocada, de parte do público enquanto cidadãos e consumidores, pode inibir o progresso tecnológico.

Nos países desenvolvidos, e também no Brasil, a popularidade dos livros de divulgação de ciência bem escritos, bem explicados, criativos, parece só ter aumentado a partir de 1980. A qualidade dos documentários também merece elogios. A divulgação científica vai bem, obrigada. O que não é de estranhar: notícias sobre grandes descobertas e sobre a moderna tecnologia fascinam. Mas será que estão sendo bem entendidas? Para que isso aconteça, é preciso que o público (leitor, espectador, ouvinte, internauta) tenha ao seu alcance os meios para avaliar os dados apresentados sem ter de aceitar tudo de forma passiva. A questão precede tanto o jornalismo quanto a divulgação científica e passa por questões mais amplas como o projeto de educação, a democratização e a liberdade de pesquisa no país.

Notícias sobre ciência não substituem as aulas de física, química e biologia que, de resto, devem incluir, além da memorização dos fatos, a capacidade de ensinar a pensar, algo muito mais desafiador. Ao que parece, isso não está acontecendo. Para Carl Sagan, "a sociedade está produzindo pessoas de raciocínio lento, desprovidas de imaginação, senso crítico e curiosidade". Essas pessoas, estimuladas pelo discurso da divulgação, que utiliza muito bem a técnica de exibir o lado maravilhoso da ciência, aceitam o que lhes é transmitido sem uma atitude cautelosa. Se os jornalistas quiserem mesmo "conquistar mentes e corações" desse público e ajudar a promover algum tipo de mudança, deverão aproximar a informação do entendimento, a simples curiosidade do aprofundamento e da investigação. Oferecer notícias que não sejam meramente traduções para consumo geral. Encontrar os meios de dar uma imagem mais realista da pesquisa à população sem nenhuma experiência direta nesse assunto. E, portanto, não atuar de maneira ingênua para promover interesses dos quais às vezes nem se dão conta. Resumindo, os jornalistas de ciência precisam fazer menos divulgação e mais jornalismo.

Referências bibliográficas

ALLEN, Frederick Lewis. *Only yesterday: an informal history of the twenties.* Nova York: Harper, 2000.

BOURDIEU, Pierre. *Os usos sociais da ciência: por uma sociologia clínica do campo científico.* São Paulo: Editora da Unesp, 2004.

CLAGETT, Marshall (org.). *Critical problems in the history of science.* Madison/ Milwaukee/ Londres: The University of Wisconsin Press, 1969.

FRANÇA, Martha San Juan. *Repensando o modelo para a divulgação científica: o caso da Aids na imprensa brasileira (1981-2001).* Tese de mestrado. São Paulo: PUC/SP, 2002.

KUHN, Thomas. *A estrutura das revoluções científicas.* São Paulo: Perspectiva, 1997.

LEON, Bienvenido. *El documental de divulgación científica.* Barcelona: Paidós, 1999.

MASSARANI, Luísa *et al.* (orgs.). *Ciência e público: caminhos da divulgação científica no Brasil.* Rio de Janeiro: Casa da Ciência/UFRJ, 2002.

NELKIN, Dorothy. *Selling science: how the press covers science and technology*. Nova York: W.H. Freeman and Company, 1985.

ROSSI, Clóvis. *O que é jornalismo*. São Paulo: Brasiliense, 1981.

ROSSI, Paolo. *A ciência e a filosofia dos modernos: aspectos da revolução científica*. São Paulo: Editora da Unesp, 1992.

SAGAN, Carl. *O mundo assombrado pelos demônios*. São Paulo: Companhia das Letras, 1996.

TUFFANI, Maurício. *Divulgação científica e educação*. Comunicação apresentada no 1º Congresso Internacional de Divulgação Científica: ética e divulgação científica, os desafios do novo milênio. São Paulo: Unesco/USP, 2002.

VOGT, Carlos; POLINO, Carmelo (orgs.). *Percepção pública da ciência: resultados da pesquisa na Argentina, Brasil, Espanha e Uruguai*. Campinas: Editora da Unicamp/Fapesp, 2003.

Sites de referência

Science and Technology (Third Report).
The United Kingdom Parliament
http://www.parliament.the-stationery-office.co.uk/pa/ld199900/ldselect/ldsctech/38/3802.htm

Science and Development Network (SciDev.Net)
http://www.scidev.net/

Observatório da Imprensa
www.observatoriodaimprensa.com.br

Freedom Forum
www.freedomforum.org

Ciência e interesses

As regras do jogo acima do método e da razão

MAURÍCIO TUFFANI*

Em uma democracia, ela [a ciência] deve ser separada do Estado, assim como as igrejas são dele separadas.

Paul Feyerabend, *Contra o método*, 1993

Ideologia do tecnicismo

A ciência é, em sua essência, comprometida com o poder? Não temos aqui a pretensão de esgotar essa questão nem de lhe dar um tratamento rígido, o que em princípio exigiria definições rigorosas de ciência, política e poder. Podemos, no entanto, buscar elementos para provocar uma reflexão sobre esse tema. Nos últimos anos, com os grupos de discussão e *chats* na internet, podemos constatar – principalmente em co-

* Jornalista especializado em ciência e meio ambiente. É assessor de Comunicação e Imprensa da Universidade Estadual Paulista (Unesp). Foi editor do portal *PNUD Brasil*, editor-chefe da revista *Galileu*, editor e repórter de ciência da *Folha de S.Paulo* e colaborador de diversos veículos. Atuou também na Secretaria do Meio Ambiente do Estado de São Paulo e na Câmara dos Deputados. Foi professor convidado do Laboratório de Estudos Avançados de Jornalismo Científico da Unicamp e do Núcleo José Reis de Divulgação Científica da USP.

mentários sobre transgênicos, clonagem, aquecimento global e outros assuntos – que há um amplo espectro de convicções entre repórteres, redatores e editores, que variam da aceitação ingênua da neutralidade da ciência à visão conspiratória de que ela é um braço da política. Apesar dessa diversidade, o que se pode dizer com certeza é que a reflexão acerca desse tema não faz parte do dia-a-dia da maioria dos jornalistas.

Vários pensadores já se pronunciaram sobre a relação entre ciência e política. Nas últimas décadas, surgiram diversos estudos que apresentam a ciência como uma construção social, e essa tendência passou a ser chamada de relativismo cognitivo. "Estes autores falam com uma autoconfiança que excede de longe sua competência científica", afirmam os físicos Alan Sokal e Jean Bricmont em seu livro *Imposturas intelectuais: o abuso da ciência pelos filósofos pós-modernos*, de 1999.

"Eles imaginam, talvez, que podem explorar o prestígio das ciências naturais de modo a transmitir aos seus próprios discursos uma aparência de rigor. E parecem confiar que ninguém irá revelar o emprego incorreto dos conceitos científicos."

Tomemos, como ponto de partida, devido ao seu caráter taxativo com relação à questão, a posição assumida pelo filósofo alemão Herbert Marcuse (1898-1979). Em sua obra *Ideologia da sociedade industrial*, de 1964,[1] ele afirmou:

> O que estou tentando mostrar é que a ciência, em virtude de seu próprio método e de seus conceitos, projetou e promoveu um universo no qual a dominação da natureza permaneceu vinculada à dominação do homem – um vínculo que tende a ter efeitos fatais para esse universo como um todo. A natureza, cientificamente compreendida e dominada, reaparece no aparato técnico de produção e destruição que mantém e aprimora a vida dos indivíduos, ao mesmo tempo em que os subordina aos senhores do aparato.

---

1 Título da tradução brasileira (Zahar Editores). O nome original da obra é *The one-dimensional man.*

Na mesma linha de Marcuse, existe o trabalho de outro alemão, Jürgen Habermas, nascido em 1929, que também trabalhou por muito tempo nos Estados Unidos. Embora a tecnologia dependa dos fundamentos proporcionados pela ciência, Habermas ressalta que a primeira condiciona cada vez mais os rumos da segunda, priorizando objetivos de pesquisa em um contexto de pressões políticas, econômicas e sociais. Para o pensador, esse processo mascara relações de poder – as influências políticas e econômicas sobre a ciência por meio da tecnologia não são percebidas, reforçando a idéia da neutralidade científica.

Desse modo, Habermas aponta o tecnicismo como ideologia, na medida em que esta tem entre suas funções a ocultação das relações de força. Mais que isso, essa ideologia proporciona não só a legitimação do sistema, mas também uma visão de mundo compatível com o movimento incessante de exploração da natureza, produção e consumo.

> Sem dúvida, tanto agora como antes, os interesses sociais determinam a direção, as funções e a rapidez do progresso técnico. Mas esses interesses definem o sistema social como um todo, a tal ponto que eles se recobrem com o interesse pela manutenção do sistema. A forma privada de valorização do capital e a existência de uma chave de distribuição das compensações sociais, que sirva como garantia de fidelidade, permanecem, como tais, fora de discussão.

A idéia de que a ciência é comprometida com a política não é exclusiva de pensadores de orientação marxista, como Marcuse e Habermas, como mostrou uma palestra na Alemanha, no inverno entre 1937 e 1938. Tendo então já passados quase quatro anos de sua ruptura com o regime nazista e de sua renúncia ao cargo de reitor da Universidade de Freiburg, o filósofo Martin Heidegger (1899-1976) fala para uma cuidadosamente selecionada platéia de menos de trinta professores e estudantes: "A verdadeira ameaça que pesa sobre a ciência vem dela própria e tem lugar por meio da própria ciência".

Ainda segundo Heidegger, a preponderância do método científico na atividade da pesquisa faz que os objetos a serem estudados sejam apropriados em vista de uma finalidade já estabelecida. "Este primado dos métodos conduz a uma tecnicização da ciência, a uma regulamentação fechada sobre si mesma da maneira de avançar – a partir da qual tudo o que é objetivo é visado *a priori*", disse o pensador. De uma forma que tem muito a ver com outras obras suas e com o que será dito anos depois por Marcuse e por Habermas, Heidegger afirmou nessa palestra: "O industrial toma conta da ciência. Também este processo não é nada de fundamentalmente novo; já está prefigurado na essência da ciência dos tempos modernos".

Cosmos finito e bem-ordenado

A ciência moderna surgiu gradualmente entre os séculos XVI e XVII, com o fim da visão de mundo que predominou no Ocidente medieval. Da tradição judaica, o pensamento cristão na Idade Média incorporou a concepção da Lei e da Ordem instauradas pelo Verbo, conforme consta na interpretação do Evangelho de João sobre o Gênesis.[2] Da filosofia grega, a Igreja reverenciava elementos convenientemente selecionados da obra de Aristóteles (384-322 a.C.),[3] como a concepção de que o mundo era dividido basicamente em dois níveis: o sublunar, que engloba a Terra e é formado por corpos mutáveis, compostos pela interação dos quatro elementos – terra, fogo, água e ar – e, portanto, imperfeitos; e o supralunar, dos corpos celestes imutáveis, formados somente pelo chamado éter ou quinta-essência e, portanto, perfeitos.

---

2 "No princípio, Deus criou o céu e a terra." (Gênesis, 1.1) "No princípio era o Verbo e o Verbo estava com Deus e o Verbo era Deus. No princípio ele estava com Deus. Tudo foi feito por meio dele e sem ele nada foi feito." (Evangelho de João, 1,1-4)

3 Não se considerava, por exemplo, que para Aristóteles o mundo sempre existiu, e não foi criado.

O conhecimento era imutável. Tudo o que existe e acontece já havia sido previsto por Deus no Gênesis. Nada era novo, pois tudo o que se acrescentasse ao conhecimento somente confirmaria – e jamais modificaria – as verdades eternas das Escrituras. Em outras palavras, haja o que houver, "não há nada de novo debaixo do sol".[4] Esse é o sentido, na obra *O nome da rosa*, de 1980, de Umberto Eco, do sermão de advertência do sacerdote praticamente cego, Jorge de Burgos, ao final da condenação à morte na fogueira dos suspeitos pelos assassinatos, ambientada no norte da Itália no final do século XIV: "Não há progresso, não há revolução de períodos na história do saber, mas, no máximo, sublime e contínua recapitulação".

A hierarquia, a disciplina, a ordem garantida pela autoridade e os dogmas regulavam a vida com firmeza, como sintetizou em 1934 o historiador francês Paul Hazard (1878-1944), em seu livro *Crise da consciência européia*. "São perigosas as curiosidades que solicitam uma alma inquieta; perigosas e loucas, visto que o viajante que corre até o fim do mundo não encontra nunca senão o que traz consigo, a sua condição humana. E mesmo que encontrasse outra coisa, a verdade é que teria despedaçado a alma."

Essencial para a manutenção da ordem feudal e da autoridade da Igreja, essa concepção de mundo e de conhecimento começou a ser sacudida pelas vigorosas transformações sociais iniciadas no século XV. Com a expansão das rotas marítimas, desencadeada a partir da tomada de Constantinopla pelos muçulmanos em 1453, novos povos e novos costumes foram sendo conhecidos e, anos depois, amplamente divulgados, graças à revolução deflagrada pela prensa criada por Johann Gutenberg (1398-1468). Novos espaços econômicos foram surgindo e sendo

---

4 Eclesiastes, 1,9. Nos tempos atuais, essa famosa frase bíblica tem sido distorcida em seu significado, com o sentido de "*ainda* não apareceu nada de novo". Mas sua seqüência no texto do Antigo Testamento mostra claramente o significado de "*nunca* haverá novidade": "Mesmo que alguém afirmasse de algo: 'Olha, isto é novo!', eis que já sucedeu em outros tempos". (Eclesiastes, 1,10)

conquistados com a ascensão da burguesia mercantil, que aos poucos se libertava das amarras das relações feudais.

Universo infinito e geometrizado

O poder da Igreja e da nobreza feudal se diluíam no mundo que ampliava seus horizontes. Apesar disso, a Inquisição mantinha sua vigilância sobre tudo que afrontasse diretamente as Escrituras. O século XVI se encerra com a condenação de Giordano Bruno (1548-1600) à fogueira por causa de suas obras contrárias à intolerância religiosa. Galileu Galilei (1564-1642) começa a desmistificar a noção aristotélico-teológica da imutabilidade e da perfeição do mundo dos corpos celestes, com a descoberta de quatro satélites de Júpiter e também das manchas solares, que eram incompatíveis com a idéia de perfeição que se atribuía ao éter. Em 1613, ele faz sua primeira grande provocação à Igreja ao publicar *História e demonstração das manchas solares*, que lhe valeu o decreto eclesiástico de censura em 1616.

Apesar dessa condenação, Galileu publicou em 1623 *O ensaiador*, no qual não só ridicularizou a concepção aristotélica, mas também propôs a noção de um universo infinito, homogêneo – isto é, desprovido de qualquer hierarquia de valor e de perfeição – e, acima de tudo, totalmente passível de ser interpretado geometricamente. Estava em curso o processo descrito como "destruição do cosmos e geometrização do espaço" em 1957 pelo historiador da ciência Alexander Koyré (1892-1964) em seu livro *Do mundo fechado ao universo infinito*. Sem a gradual rejeição da visão aristotélica, não teria sido possível conceber um universo representado geometricamente. "Isto, por seu turno, implica o abandono, pelo pensamento científico, de todas as considerações baseadas em conceitos de valor, como perfeição, harmonia, significado e objetivo, e, finalmente, a completa desvalorização do ser, o divórcio do mundo do valor e do mundo dos fatos", diz Koyré.

Em 1632, no *Diálogo sobre os dois máximos sistemas do mundo – Ptolemaico e copernicano*, Galileu foi além de refutar a noção da Terra como centro do Universo, formulada por Ptolomeu de Alexandria (87-151 d.C.), e de defender a tese de Nicolau Copérnico (1473-1543), de que o planeta gira em torno do Sol. Nessa obra, ele rejeitou a autoridade das Escrituras nas ciências naturais e defendeu a autonomia do uso da observação, da experimentação, e a superioridade do raciocínio demonstrativo matemático na busca da verdade sobre os fenômenos da natureza.

Crise da consciência européia

O Ocidente cristão não assistiu passivamente ao ataque de Galileu e de outros pensadores aos pilares da visão de mundo predominante no período medieval. Outros povos e costumes vinham sendo descobertos, trazendo não só expectativas de oportunidades comerciais para a burguesia em ascensão, mas também a ampliação dos horizontes de referências históricas e culturais para o homem europeu. O Renascimento, que se iniciou na Península Itálica no século XV, expandia-se para toda a Europa, desencadeando um vigoroso florescimento da escultura, pintura, literatura, música, arquitetura e outras artes.

Surgia não só essa produção literária e artística renascentista, como também toda uma cultura renascentista, com características urbanas e valores burgueses, promovendo uma nova visão da política – mas ainda ligada aos princípios da fé cristã. Cada vez mais apareciam novidades sobre obras filosóficas e literárias da antigüidade greco-romana que durante séculos ficaram guardadas em mosteiros, sem falar nas que tinham sido preservadas no mundo muçulmano. Tornava-se a cada dia mais evidente que a concepção de mundo da Igreja havia por longo tempo predominado pela força da autoridade.

O mundo já não era o mesmo. "A perspectiva mudou", explica Hazard em *Crise da consciência européia*.

> Conceitos que eram transcendentes passaram a depender da diversidade dos lugares; práticas fundadas na razão passaram a ser costumeiras; e, inversamente, hábitos que se tinham por extravagantes pareceram lógicos,

> logo que explicados pela origem e pelo meio. Nós deixamos crescer o cabelo e raspamos a barba; os turcos raspam o cabelo e deixam crescer a barba. A mão direita é entre nós lugar de honra, entre os turcos é a mão esquerda: contradições que se não podem julgar, mas se devem aceitar tais quais são. [...] Nós pensamos de modo diferente; mas quem tem razão? Quem está em erro?

Para ampliar seu espaço político e enfraquecer o poder da Igreja e da nobreza feudal, as monarquias estimulavam e até financiavam os avanços da burguesia por meio da concessão de privilégios para negociantes e artesãos e da expansão comercial ultramarina. A própria Igreja começava a ruir por dentro. Para a burguesia mercantilista em ascensão, tornava-se cada vez mais anacrônica não só a riqueza decorrente da propriedade de grandes extensões de terras, mas também a concepção de que a salvação da alma do homem comum estava na renúncia aos bens materiais.[5]

No plano intelectual, já havia sido proposta uma reforma interna da Igreja na obra satírica *Elogio da loucura*, de Erasmo de Roterdã (1466-1536). Mas surge a Reforma Protestante, desencadeada pelo monge alemão Martinho Lutero (1483-1546), que propunha a confissão feita diretamente com Deus, a capacidade de todo homem de interpretar livremente a Bíblia e o fim de todas as obrigações financeiras da burguesia com a Igreja. Essa grande ruptura com a Igreja Católica é aprofundada por João Calvino (1509-1564) e sua doutrina da predestinação, segundo a qual o sucesso na vida era sinal da salvação da alma, ao passo que o fracasso era certeza da danação eterna.

O ceticismo antigo, principalmente de pensadores como Pírron de Élis (360-272 a.C.) e Sexto Empírico (267-310 d.C.), é retomado por in-

5 Evangelho de Mateus: "Em verdade, vos digo: é mais fácil o camelo entrar pelo buraco da agulha do que o rico entrar no Reino de Deus" (19,24). "E quem tiver deixado casas, irmãos, irmãs, pai, mãe, filhos ou terras por causa de meu nome, receberá muito mais, e terá em herança a vida eterna" (19,29).

telectuais, pondo em dúvida não só os valores da Igreja, mas também os daqueles que a ela se opunham, reforçando o relativismo dos valores. O mais expressivo expoente do pensamento cético nesse período foi o francês Michel de Montaigne (1533-1592), que viveu em Bordeaux. Além de ressaltar que as opiniões humanas não são absolutas, mas relativas, pois dependem das culturas em que foram produzidas, seus *Ensaios*, publicados postumamente em 1595, precipitaram a crise do conhecimento científico.

"Em uma época em que toda a visão científica de Aristóteles se encontrava sob ataque, a extensão das crises religiosa e humanística para o mundo da ciência ameaçava destruir a própria possibilidade de qualquer tipo de conhecimento", afirma o norte-americano Richard Popkin (1924-2005) em seu livro *História do ceticismo de Erasmo a Spinoza*, de 1960 (publicado no Brasil em 2000 pela Francisco Alves). Com suas objeções sobre a confiabilidade do mundo sensível e a limitação do conhecimento às aparências, Montaigne teria minado a esperança de uma ciência no sentido aristotélico: verdades sobre o mundo que sejam certas. Sobre a possibilidade de um caminho único na busca do conhecimento, o título do primeiro capítulo dos *Ensaios* já contrariava tal pretensão: "Por diversos meios chega-se ao mesmo fim".

Triunfo da razão e do método

Apesar de todas as objeções céticas e relativistas, o caminho para a verdade na ciência passou a ser possível e universal. Mas a universalidade da verdade antes imposta pela religião passa a ser dada justamente pela laicização, isto é, a ausência de qualquer divindade condutora desse processo – sem ainda, no entanto, negar a existência de Deus – com o filósofo francês René Descartes (1596-1650). "Concebi uma filosofia de maneira que pudesse ser recebida em todo lugar, mesmo entre os turcos, sem ofender a ninguém", disse ele em uma carta em 1648. "A universalidade que a ideologia medieval queria obter pela catolicidade da fé cristã, Descartes pensa encontrá-la exclusivamente mediante o apelo ao 'bom senso'", afirma o filósofo francês Gilles-Gaston Granger.[6] "Tal deslocamento do centro de gravidade do pensamento concorda manifestamente com a substituição, por relações de troca, em uma sociedade capitalista, das relações de evangelização e comunhão em uma sociedade de tipo medieval."

Descartes não ignorou o ceticismo em voga naquele período. Em meio ao conturbado cenário de idéias europeu, ele inicialmente desqualificou como conhecimentos válidos a retórica, a história, a poesia e todas as humanidades, para depois fundamentar sua proposta de que o conhecimento científico é possível e confiável. O ponto de apoio dessa certeza é o que hoje conhecemos como o *cogito* cartesiano: "Penso, logo existo" (*Cogito, ergo sum*, em latim). Longe de empreender uma busca desinteressada, o filósofo instrumentalizou o ceticismo para dar validade a essa conclusão em suas *Meditações.*

O ceticismo provisório de Descartes serviu também para fazê-lo se livrar de todas as suas opiniões e suas crenças e para expandir sua dúvida para tudo que se possa ter certeza ou conhecer. Ele chegou a postular a existência de um ser maligno e capaz de enganá-lo sempre, mas é daí que ele tira a sua primeira certeza fundadora: "Não há, pois, dúvida de que sou, se ele me engana; e, por mais que me engane, não poderá jamais fazer que eu nada seja, enquanto eu pensar ser alguma coisa".

Portanto, *cogito, ergo sum.* Partindo deste degrau, Descartes segue galgando outros. Demonstra não só que a consciência e o mundo existem e são substancialmente diferentes, mas também que, apesar dessa diferença substancial, a primeira pode conhecer o segundo por uma nova concepção de causalidade. Associada à idéia de uma instância superior – a causa final para Aristóteles, Deus para os teólogos medievais –, governadora de tudo o que acontece no mundo, desde antes de Galileu a causalidade já vinha sendo reinterpretada como um princípio explicativo para a interação mecânica, restrita ao plano material.

---

6 Introdução ao volume sobre Descartes na coleção Os Pensadores (ver Referências bibliográficas).

O terreno preparado para isso já havia sido trabalhado com a destruição do cosmos fechado, finito e bem-ordenado segundo uma hierarquia de valor e de perfeição estabelecida por Deus (ou pela causa final, de Aristóteles), e sua substituição pelo universo infinito, homogêneo e geometrizado – onde vigora a "causa eficiente". "Descartes anuncia o advento de um mundo positivo e duro, mas que é também aquele em que o homem proclama seu reinado sobre as potências da natureza", afirma o filósofo Gilles-Gaston Granger. "Existe realmente, neste sentido, uma ideologia cartesiana."

Convicto de que o caminho para buscar a verdade é um só, e está somente nas áreas que ele considera úteis para o conhecimento, Descartes o apresenta em *Discurso do método*, onde afirma que "a diversidade de nossas opiniões não provém do fato de serem uns mais racionais que outros, mas somente de conduzirmos nossos pensamentos por vias diversas e não considerarmos as mesmas coisas".[7] Essa noção de utilidade – que, ressalte-se, pressupõe a da "inutilidade" das humanidades – está presente na concepção cartesiana de "máquinas".

"Não fomos bastante acostumados a considerar as máquinas, e é esta a origem de quase todos os erros em filosofia", escreveu ele a Burman, tendo o termo "filosofia" o sentido de conjunto das ciências. Sobre isso, Granger chama a atenção para o propósito cartesiano de "organizar o mundo em vista da felicidade terrestre dos homens, e de basear essa organização em um domínio da natureza que consiste em integrá-la em um universo de máquinas". Já estava em curso, a passos largos e sem possibilidade de recuo, a revolução espiritual da qual a ciência moderna foi, ao mesmo tempo, a raiz e o fruto, como disse Koyré em *Do Mundo fechado ao universo infinito*. "Enquanto o homem medieval e o antigo visavam à pura contemplação da natureza e do ser, o moderno deseja a dominação e a subjugação."

---

7 A obra foi publicada em 1637 com o título *Discurso do método para bem conduzir a própria razão e buscar a verdade nas ciências*. A obra *Meditações* foi publicada em 1641.

Descartes não havia proposto seu método para os temas políticos e sociais. Ao longo dos séculos XVII e XVIII, entretanto, o primado da razão autônoma se volta cada vez mais para as instituições sociais e para o poder político. A intelectualidade européia começa a estabelecer seus próprios fundamentos para o pensamento científico, social, econômico e político. Antes mesmo de Descartes, o empirismo inglês, com Francis Bacon (1561-1626), que, apesar de pregar a origem do conhecimento nos sentidos e não na razão, mostrava também que a busca da verdade estava no homem, e em nada exterior a ele.

Os pensadores da antigüidade greco-romana aos poucos deixam de servir de referência para o amplo questionamento da autoridade religiosa. Surgem as obras filosóficas de Thomas Hobbes (1588-1679), Blaise Pascal (1623-1670), John Locke (1632-1704), Baruch Spinoza (1632-1677), Gottfried Wilhelm Leibniz (1646-1716), Isaac Newton (1642-1727), Jean-Jacques Rousseau (1712-1778), sem falar nos autores do Iluminismo, como Montesquieu (1689-1755), Voltaire (1694-1778), Denis Diderot (1713-1784) e Jean D'Alembert (1717-1783).

"Os assaltantes pouco a pouco levavam a melhor", narra o historiador Paul Hazard. "A heresia já não se isolava nem se escondia; ganhava discípulos, tornava-se insolente e presunçosa. A negação já não se mascarava; exibia-se. A razão já não era uma sabedoria equilibrada, mas uma audácia crítica."

Na França, em 1789, sob a alegação de fundamento nessa razão autônoma, os ideais burgueses de liberdade, igualdade e fraternidade são impostos com legitimidade para o uso da violência contra a nobreza e a monarquia deposta. Inspirado em seu significado na astronomia, o termo "revolução" – fim da trajetória percorrida por um corpo celeste em órbita de outro – é usado para assinalar o fim de um ciclo da história e o início de outro.

A queda do Antigo Regime assinala a consagração definitiva da destruição do cosmos finito e ordenado pela hierarquia de valor. Muda o papel do homem no mundo, da mesma forma que muda o espaço do mundo: no universo infinito, cada ponto não é definido mais como sendo "acima de" ou "abaixo de" alguma referência, mas apenas por suas coordenadas geométricas em um espaço cartesiano.

Hipóteses e refutações

A questão do método e várias outras direta ou indiretamente associadas a ela têm sido constantemente abordadas por diversos filósofos e cientistas desde Descartes. Um dos mais influentes pensadores sobre esse tema foi o austríaco Karl Popper (1902-1994), que introduziu o problema da demarcação entre ciência e não-ciência, apresentado em sua obra *Lógica da pesquisa científica*, de 1934.

Nesse trabalho, Popper não discute se uma teoria científica é verdadeira ou falsa, nem como ela é elaborada. Seu objetivo principal é explicitar sob que condições uma teoria pode ser considerada científica.[8] Para isso, ele propôs como critério de demarcação a "falseabilidade" dos enunciados das teorias: para que uma teoria seja científica, é preciso que seus enunciados sejam "falseáveis", isto é, tenham condições de ser refutados experimentalmente. Por exemplo, a frase "Todos os corpos celestes seguem órbitas elípticas" é falseável, pois basta constatar a existência de um único corpo celeste com órbita não-elíptica para refutá-la.

Com seu critério de falseabilidade, Popper destruiu a concepção antes consagrada de que as teorias científicas são comprovadas. Nunca sabemos se elas são verdadeiras, mas sabemos que elas podem ser

---

8 Popper foi indevidamente apontado como neopositivista (ou positivista lógico), como eram chamados os integrantes do Círculo de Viena, formado principalmente por Moritz Schlick (1882-1936), Rudolf Carnap (1891-1970), Otto Neurath (1882-1945) e Herbert Feigl (1902-1988). Um dos temas centrais desse grupo era o papel do processo indutivo na elaboração das teorias científicas. Para Popper, que foi crítico do positivismo lógico, o que importa não é o que leva à elaboração de uma teoria, mas se seus enunciados são falseáveis. A *Lógica* de Popper, portanto, é a lógica do contexto da justificação de uma teoria e não de sua descoberta. Nesse sentido, o título original de sua obra em alemão, *Logik der Forschung* (Lógica da pesquisa), foi desastrosamente traduzido para diversos idiomas como *Lógica da descoberta científica*.

corroboradas ou refutadas à medida que se expande o conhecimento dos objetos e fenômenos estudados, ou que se aperfeiçoam os instrumentos de observação e de medição. É justamente a falseabilidade dos enunciados que permite às teorias o seu aperfeiçoamento, possibilitando assim os avanços da ciência. Segundo Popper, se as teorias fossem provadas verdadeiras, nunca haveria refutações, e a ciência seria estática.

Uma conseqüência do critério popperiano de demarcação é a rejeição das humanidades em geral como teorias cientificamente válidas, pois elas não se submetem à previsão de fenômenos. Embora não considere como ciência a história, nem por isso Popper deixou de abordar temas políticos e sociais. Seu conceito de demarcação aparece também em duas obras suas de grande repercussão, amplamente elogiadas pelo pensamento democrata-liberal: *A sociedade aberta e seus inimigos* (1957) e *A miséria do historicismo* (1960).

Justamente por recusar às humanidades, especialmente à história, a possibilidade de fazer previsões, e conseqüentemente passar por refutações, o grande alvo da crítica do pensador nesses livros é o ideário socialista por sua crença no rumo inexorável da história para a autodestruição do capitalismo e o surgimento do socialismo.

Paradigmas e irracionalidade

O primeiro grande contraponto ao pensamento de Karl Popper surge em 1962, com o livro *A estrutura das revoluções científicas*, do historiador da ciência Thomas Kuhn (1922-1966), austríaco radicado nos Estados Unidos. Sem negar a validade da falseabilidade de Popper na refutação de teorias científicas, ele argumenta que fatores alheios a esse critério também são decisivos.

"Um elemento aparentemente arbitrário, composto de acidentes pessoais e históricos, é sempre um ingrediente formador das crenças esposadas por uma comunidade científica específica em uma época", diz Kuhn, que começou sua vida acadêmica na área de física teórica. Em outras palavras, nem sempre a refutação de leis científicas por dados experimentais é assimilada pela comunidade de pesquisadores.

Um dos casos mais exemplares é o do físico britânico Joseph John Thomson (1856-1940), que em 1897 apresentou à Royal Society, em Londres, seus dados experimentais em pesquisas sobre a estrutura atômica e sua conclusão de que o átomo era divisível, formado por partículas com carga elétrica. Ele foi ridicularizado durante anos por importantes cientistas da época, para os quais o átomo era obviamente indivisível.

Por dar mais valor a essa crença do que aos seus próprios resultados experimentais, mais detalhados que os de Thomson, o físico alemão Walter Kaufmann (1871-1947) não formulou nenhuma hipótese sobre partículas menores que o átomo, e perdeu a chance de se tornar o descobridor do elétron.

Um dos conceitos centrais empregados por Kuhn é o de "paradigma" – que em grego tem o significado muito próximo ao de modelo –, que consiste em um conjunto de compromissos conceituais, metodológicos e instrumentais compartilhados pelos membros de uma especialidade científica durante determinado período. Outro conceito importante empregado por ele é o de "ciência normal", que significa a pesquisa firmemente baseada em realizações científicas anteriores, reconhecidas durante algum tempo por uma comunidade especializada.

A pesquisa científica normal está dirigida para a articulação daqueles fenômenos e teorias já definidos pelo paradigma e reforçados pela educação profissional. "A ciência normal não tem como objetivo trazer à tona novas espécies de fenômenos; na verdade, aqueles que não se ajustam aos limites do paradigma freqüentemente nem são vistos", afirma Kuhn. "Examinado de perto, seja historicamente, seja no laboratório contemporâneo, esse empreendimento parece ser uma tentativa de forçar a natureza a encaixar-se dentro dos limites do paradigma."

Kuhn define como "ciência em crise" o período de transição entre um paradigma e seu sucessor. A crise surge porque nem sempre há a revisão de uma teoria quando seus postulados são refutados por dados experimentais e de observações, tamanho é o compromisso da comunidade científica com o paradigma na ciência normal. A essas dificuldades o historiador chama de "anomalias". Tomemos aqui como exemplo o paradigma da astronomia ptolemaica medieval.

Tantas eram as suas anomalias que no prefácio de sua obra de 1543, *Sobre a revolução dos corpos celestes*, Copérnico disse que a tradição astronômica havia herdado um "monstro". No século seguinte, Galileu, em seu *Diálogo*, afirmou: "temos no nosso século acontecimentos e observações novas e de tal alcance que não tenho dúvidas de que, se Aristóteles vivesse em nossa época, mudaria de opinião".

Treze anos após a crítica de Kuhn à crença na racionalidade das mudanças e revoluções na ciência, surge com outro austríaco radicado nos Estados Unidos uma aguda crítica ao método em seu sentido cartesiano. Em 1975, Paul Feyerabend (1924-1994) publica seu polêmico livro *Contra o método*, no qual a transgressão dos métodos da ciência é apontada como necessária para o progresso.

"Verificamos, fazendo um confronto, que não há uma só regra, embora plausível e bem fundada na epistemologia, que deixe de ser violada em algum momento", diz ele. "Torna-se claro que tais violações não são eventos acidentais, não são o resultado de conhecimento insuficiente ou de desatenção que poderia ser evitada." De acordo com Feyerabend, o único princípio que não inibe o progresso é "tudo vale".

O "anarquismo epistemológico" de Feyerabend – como ele mesmo define – foi alvo de um cerrado bombardeio de críticas durante muitos anos, assim como também o foi o trabalho de Kuhn.[9] Na terceira edição de *Contra o método*, de 1993, amplamente reeditada, ele deixou menos taxativas muitas de suas colocações, entre elas as relativas ao papel da ideologia e da educação.

9 Kuhn acrescentou um posfácio à segunda edição de seu livro (1970), dando mais esclarecimentos sobre seus conceitos de paradigma e de ciência normal, mas praticamente sem enfraquecer suas colocações anteriores.

Um exemplo desse "enfraquecimento" é a mudança de uma de suas mais consagradas afirmações: "Uma ciência que insiste em ser a detentora do único método correto e dos únicos resultados aceitáveis é ideologia e deve ser separada do Estado e, especialmente, dos processos de educação". Essa frase foi retirada da edição de 1993, na qual só consta no sumário do respectivo capítulo: "Em uma democracia, ela [a ciência] deve ser separada do Estado, assim como as igrejas são dele separadas".

Kuhn e Feyerabend foram alvo da crítica de Sokal e Bricmont em *Imposturas intelectuais*. Embora procedentes, as objeções dos dois físicos a esses pensadores se referem a detalhes não expressivos das obras criticadas. No entanto, um rico debate foi realizado de 1970 a 1990 não só entre os dois austríacos e seu conterrâneo Popper, mas entre eles e outros importantes filósofos, cientistas e historiadores da ciência. Longe de terem sido refutadas, as teses de diversos pensadores favoráveis à estreita relação entre ciência e poder permanecem de pé, da mesma forma que a crença, por parte de muitos pesquisadores, na racionalidade da evolução das teorias. Por mais persistentes e plausíveis que ainda sejam as objeções a essas teses relativistas, principalmente por parte de muitos pesquisadores, não se pode ser indiferente aos argumentos de que existem regras do jogo acima do método científico e da própria idéia de racionalidade.

E o jornalismo com isso?

No artigo "Divulgação ou jornalismo?" (pág. 31 deste livro), vimos que em grande parte das notícias de ciência não existe o contraditório; e que "ao se divulgar um trabalho científico sem citar outras conclusões ou visões sobre o mesmo assunto dá-se a impressão ao leitor de que aquele constitui uma verdade absoluta", como escreveu Martha San Juan França. Em outras palavras, o jornalista precisa considerar opiniões divergentes dentro da própria ciência.

Contudo, vimos como os membros das próprias especialidades científicas podem permanecer por algum tempo muito mais empenhados em preservar as teorias do que em aceitar fatos novos. Mais que isso, vimos – ainda que de modo superficial e parcial – as controvérsias e os aspectos políticos e sociais que permearam a construção da própria concepção de ciência.

Há situações, portanto, em que o jornalista deve buscar o contraditório fora da especialidade científica e, talvez, fora da própria ciência. "Nenhuma ciência está em estado de saber por si mesma o que é a forma de saber que nela se concretiza", disse Heidegger naquela restrita conferência. "O seu próprio método abandona-a quando se trata de meditar sobre si mesma."

Entretanto, assim como não faz sentido para o pesquisador invocar questões epistemológicas e históricas para qualquer experimento de laboratório, também não tem cabimento para o jornalista levantá-las em todas as pautas de ciência e tecnologia. Porém, existem muitos assuntos no dia-a-dia da imprensa – como produção de energia (principalmente nuclear), alimentos transgênicos, mudanças climáticas, clonagem e outros – que deixam claras as situações de litígio nas fronteiras entre a ciência, a tecnologia, a política, a economia e a ideologia.

É preciso discernimento e critério ao ampliar o campo das fontes a serem buscadas fora das especialidades científicas. Não se pode pôr em pé de igualdade qualquer profeta do Apocalipse ou excêntrico de turbante com críticos consistentes – sejam eles pesquisadores de outras áreas, membros de ONGS e até mesmo do mundo da política.

Em entrevista ao jornal italiano *Corriere della Sera*, em setembro de 1991, logo depois de se aposentar do cargo de editor-chefe do *The Washington Post* – onde comandou coberturas históricas, como a do caso Watergate –, o jornalista norte-americano Benjamim Braddlee afirmou que o bom jornalista deve sempre "desconfiar do poder e duvidar da versão de quem governa".

Certamente nem todos os jornalistas concordariam em extrair uma regra da associação dessa afirmação de Braddlee com a de Feyerabend, de que a ciência deve ser separada do Estado. Todavia, o profissional de imprensa que busca ter uma atitude crítica, não apenas com suas fontes mas com relação ao próprio conhecimento, não pode ser indiferente ao fato de que não existe consenso sobre os fundamentos e os limites da ciência – e desde antes do início daquilo que hoje chamamos de ciência moderna. E isso traz implicações diretas para um dos principais preceitos éticos do jornalismo, que é o dever de jamais frustrar a manifestação de opiniões divergentes e o livre debate de idéias.

Referências bibliográficas

DESCARTES, René. *Obras escolhidas.* São Paulo: Abril Cultural, 1980.

ECO, Humberto. *O nome da rosa.* Rio de Janeiro: Difel, 1999.

FEYERABEND, Paul. *Against method.* Londres: Verso, 2002. (Trata-se da 3ª edição, inédita em português; no Brasil foi editada em 1977 pela Francisco Alves a 1ª edição, de 1975: *Contra o método: esboço de uma teoria anárquica da teoria do conhecimento*).

GALILEI, Galileu. *Diálogo sobre os dois máximos sistemas do mundo – Ptolemaico e copernicano.* São Paulo: Discurso Editorial/Fapesp, 2001.

_______. *O ensaiador.* São Paulo: Abril Cultural, 1973. (Coleção Os Pensadores, v. XII: *Bruno, Galileu Campanella*).

HABERMAS, Jürgen. *Técnica e ciência enquanto ideologia.* São Paulo: Abril Cultural, 1980.

HAZARD, Paul. *Crise da consciência européia.* Lisboa: Edições Cosmos, 1971.

HEIDEGGER, Martin. *Escritos políticos (1933-1966).* Lisboa: Instituto Piaget, s/d.

KOYRÉ, Alexander. *Do mundo fechado ao universo infinito.* São Paulo: Forense-Universitária/Edusp, 1979.

KUHN, Thomas. *A estrutura das revoluções científicas.* São Paulo: Perspectiva, 1982.

MARCUSE, Herbert. *Ideologia da sociedade industrial.* Rio de Janeiro: Zahar, 1967.

MONTAIGNE, Michel de. *Ensaios.* São Paulo: Nova Cultural, 1996 (Coleção Os Pensadores).

POPKIN, Richard. *História do ceticismo de Erasmo a Spinoza*. Rio de Janeiro: Francisco Alves, 2000.

POPPER, Karl. *A miséria do historicismo*. São Paulo: Cultrix/Edusp, 1973.

_______. *A lógica da pesquisa científica*.São Paulo: Cultrix/Edusp, 1975.

SANTOS, Douglas. *A reinvenção do espaço: diálogos em torno da construção de uma categoria*. São Paulo: Editora da Unesp, 2002.

SOKAL, Alan; BRICMONT, Jean. *Imposturas intelectuais: o abuso da ciência pelos filósofos pós-modernos*. Rio de Janeiro: Record, 1999.

Sistemas ecológicos

Crítica filosófica e visão sistêmica ajudam a reportar com profundidade

EDUARDO GERAQUE*

O início do século XXI teria feito vibrar o religioso Mikołaj Kopernik. Este o verdadeiro nome de Nicolau Copérnico, nascido em Torun, Polônia, em 1473. Imaginem o cônego – que, de dentro das fechadas instituições católicas do fim da Idade Média, conseguiu forjar a revolucionária Teoria Heliocêntrica – observando as imagens em alta resolução enviadas de Marte e, agora, dos anéis de Saturno! Nada melhor do que rememorar as exigências, na verdade frases curtíssimas, escritas por ele no memorável *Commentariolus.*

"Não existe um centro único de todos os orbes ou esferas celestes. O centro da Terra não é o centro do mundo, mas apenas o da gravidade e o da orbe lunar. Todos os orbes giram em torno do Sol, como se ele esti-

* Jornalista e biólogo. Mestre em Oceanografia Biológica pelo Instituto Oceanográfico da Universidade de São Paulo. Doutorando pelo Programa de Pós-Graduação em Integração da América Latina (Prolam/USP). Seu tema de pesquisa é jornalismo e poluição atmosférica nas cidades de São Paulo e do México. Há dez anos trabalha com jornalismo. Passou pelas redações do *Diário Popular* (atual *Diário de S. Paulo*) e da *Gazeta Mercantil*, caderno Fim de Semana. Editor da Agência de Notícias *online* da Fundação de Amparo à Pesquisa do Estado de São Paulo (Fapesp).

vesse no meio de todos; portanto, o centro do mundo está perto do Sol." Esses três períodos são apenas as três primeiras exigências das idéias copernicanas que colocaram o planeta homem em seu devido lugar. O espanto, talvez, teria sido ainda maior porque ele nem chegou a desfrutar de sua obra mais importante, antes de morrer, paralítico, em 1543. Anunciam os mitos que ele teria recebido pronto o seu livro *De Revolutionibus* apenas horas antes de entrar para a história.

Ou seja, apesar de ter um grande significado simbólico, as imagens vivas obtidas dos planetas do sistema solar e toda a discussão teórica que vem a reboque dessas missões espaciais servem, a cada instante, para aumentar ainda mais o papel fundamental das idéias de Copérnico. Elas continuam na base de tudo. É a infinita espiral do conhecimento que avança.

Nos últimos quinhentos anos, a roda da história científica e da filosofia girou de forma impressionante. A lista de nomes e exemplos que poderiam ser colocados no lugar de Mikołaj é enorme a partir do final do século XIX, quando foram sensacionais as mudanças principalmente na física e na biologia. Um século atrás, em 1905, o cientista alemão Albert Einstein (1879-1955) teve o seu ano miraculoso ao publicar cinco trabalhos que modificaram não apenas a ciência, mas toda a visão de mundo dos humanos modernos. Charles Darwin (1809-1882), com suas inspirações sul-americanas e patagônicas, também não pode ficar de fora de uma lista como essa. É de 1859 sua imperdível obra *Origem das espécies*.

Apesar das críticas que receberam, Einstein e Darwin freqüentam o Olimpo da ciência. Isso é válido desde que a máxima do próprio naturalista inglês não seja esquecida. As transformações científicas, segundo o próprio Darwin defendia, deveriam ser vistas não como um selvagem que olha para um navio estranho no horizonte. Elas fazem parte de um processo histórico. Absolutamente mutável.

Por falar em positivismo, apesar de ele ser considerado ultrapassado dentro dos grandes círculos acadêmicos (será?), René Descartes (1596-1650) também teve seu papel central ao mudar, em seu tempo, a essência da discussão. A análise de outro filósofo importante para a desconstrução do pensamento científico ao longo da história é categórica: "O mundo antigo teve como ponto de partida o drama do Universo, o mundo moderno, o drama interior da alma", escreveu Whitehead[1], para quem a perspectiva do sujeito-autor tinha uma importância muito maior do que se poderia imaginar.

Como o jornalismo demora para ser adensado ao contexto, e não existe nenhuma pretensão de se fazer um errante tratado filosófico porque faltaria estofo para tal empreitada, é preciso voltar aos patamares históricos e colocar mais alguns nomes na lista iniciada alguns parágrafos acima. Nomes como o de Galileu Galilei (1564-1642), Isaac Newton (1643-1727), Paul Dirac (1902-1984), Max Planck (1858-1947), os darwinistas todos. Assim como são importantes todos os físicos quânticos, por dois motivos básicos: fizeram revoluções concretas em suas respectivas disciplinas, e também deixaram uma forma de pensar o mundo que merece ser resgatada. O fato é que todos souberam – muitas vezes por questões metafísicas, da criatividade, da intuição e assim por diante – conjugar a epistemologia da complexidade, que tanto se tenta enfrentar nos dias de hoje e sobre a qual o pensador francês Edgard Morin, ainda na ativa, talvez seja a principal referência atualmente.

O que é o jornalismo senão uma forma de criar sentidos novos para o sujeito-receptor? A produção simbólica, por sua própria característica dilacerada, permite que se beba em várias fontes, que se digiram diversos nutrientes. Seja no impressionismo de Van Gogh (1853-1890), no realismo fantástico de García Márquez, nas metáforas de Pablo Neruda (1904-1973) ou de Jorge Luis Borges (1899-1986) e ainda no realismo natural, e bem jornalístico, de Machado de Assis (1839-1908). Além de todas essas nutrições essenciais, ferramentas técnicas também são cruciais para os mecanismos de desconstrução da realidade contemporânea. No dia-a-dia da imprensa deveriam estar presentes universos complexos re-

---

1 O volume dez da coleção Marcha do Tempo, da editora Brasiliense, merece ser destacado. Alfred North Whitehead, *A ciência e o mundo moderno*.

presentados pelos conceitos de contextualização, humanização, verticalidade, enfim, "cheiro de rua", para usar um termo de Cremilda Medina, professora da Escola de Comunicação e Artes da Universidade de São Paulo (ECA/USP).

No caso específico do jornalismo científico – e aqui é preciso restringir para tentar aprofundar –, as várias abordagens presentes neste volume são todas válidas e pertinentes. Entretanto, vamos tentar adicionar mais uma nesse grande oceano repleto de correntes que se misturam tanto na vertical como na horizontal. Em outras palavras, a imagem que mais caracteriza essa realidade são imensos – e outros não tão grandes assim – sistemas abertos que dialogam à exaustão.

Não foram apenas os grandes pensadores e cientistas a alterar o curso histórico da ciência – e vejam que ainda existem nomes como o de Leibiniz (1646-1716), Hume (1711-1776), Aristóteles (384 a.C.-322 a.C.) e o próprio Wallace (1823-1913), que, na verdade, deveria ter entrado para a história juntamente com Darwin. Para ficar apenas na biologia, e apenas no século XX, o que dizer da descoberta da dupla hélice de DNA ou da ecologia, que imprimiu ao seu contexto uma forma de ver o mundo com base nos sistemas, ou melhor, nos ecossistemas? A história das ciências biológicas do século XX tem pelo menos esse importante ponto de inflexão.

A simplificação, apesar de suas boas contribuições no campo da física e da biologia, não se mostrou suficiente para resolver problemas em grande escala. Uma insatisfação coletiva apareceu, cada vez com mais força, principalmente a partir dos anos 1970? A história pendular da ciência, que costuma oscilar entre o pensamento reducionista e o holístico, sofreu um abalo considerável com a visão ecológica. Na definição de Eugene Odum, importante ecólogo contemporâneo, esse ponto de quebra surge de forma bem definida:

> Deve-se atribuir igual valor ao holismo e ao reducionismo, simultaneamente, não alternadamente. A ecologia, ciência emergente, procura a síntese e não a separação. [...] A ciência, no nível da célula, contribuirá muito pouco para o

> bem-estar ou a sobrevivência da civilização humana se continuarmos a entender tão mal os níveis superiores de organização que não consigamos encontrar qualquer solução para o crescimento excessivo da população, a desordem social, a poluição e outras formas de câncer social e ambiental.[2]

Com base nessa visão ecológica de mundo, a questão sistêmica alcançou grande importância. Por que então o jornalismo não pode funcionar com base nesse mesmo conceito de sistema, que procura olhar para o todo sem cortar ou reduzir, mas com o objetivo de fazer sínteses e de encontrar soluções?

O conceito de ecossistema é essencial para a ecologia. Uma adaptação possível para o mundo da comunicação social dessa relação permite afirmar que o surgimento da idéia de um "jornossistema", em um aspecto geral, pode também se transformar em um fundamento seguro para a análise do jornalismo, com todos os seus adjetivos e modismos atuais. Na afirmação de Odum:

> O ecossistema é a unidade funcional básica na ecologia, pois inclui tanto os organismos quanto o ambiente abiótico; cada um destes fatores influencia as propriedades do outro e cada um é necessário para a manutenção da vida na Terra, como a conhecemos. Esse nível de organização deve ser nossa primeira preocupação se quisermos que a nossa sociedade inicie a implementação de soluções holísticas para os problemas que estão aparecendo agora sobre bioma e biosfera.

E poderíamos estender esse raciocínio aos campos social (econômico e político), cultural, histórico, filosófico e científico.

Essa relação sistêmica é uma das ferramentas que permite abrir a porta de uma das questões-chave da comunicação social neste início de Terceiro Milênio. O enfrentamento da complexidade – sem que isso vire um grande fantasma sorrateiro ou uma desculpa para se continuar

2 Eugene Odum, *Ecologia*.

olhando apenas para as partes, de forma isolada e sem conexão com o mundo real – é mais do que necessário.

Apesar de os ecólogos serem naturalmente holísticos – mesmo com o desgaste dessa palavra nos últimos anos, ela merece ser resgatada em seu valor real –, alguns deles, em especial, procuraram formular com mais precisão teorias promotoras de certa organização nesse conhecimento que começou a aflorar a partir da metade do século XX.

A proposta da Teoria Geral dos Sistemas surgiu dentro desse contexto, entre as décadas de 1950 e 1960. O livro fundamental sobre esse assunto, *General systems theory: foundations, development, aplication*, escrito por Ludwig von Bertalanffy, é de 1968. Na época, a grande contribuição da formulação foi exatamente propor uma visão anti-reducionista sobretudo para as ciências naturais. Bertalanffy, entretanto, não estava sozinho. Uma série de outros ecólogos também se ocupou do mesmo problema científico. Mais uma vez é a roda da ciência girando rapidamente.

A excentricidade do planeta Terra, por exemplo, levou a dupla James Lovelock (cientista, físico e engenheiro) e Lynn Margulis (microbiologista) a propor ao mundo científico, durante os anos 1970, a Hipótese de Gaia. Essa teoria ficou oficialmente conhecida no célebre livro *Gaia: a new look at life on Earth*, de 1979, assinado apenas por Lovelock. Para esses dois autores, a química da atmosfera e o ambiente físico fortemente tamponado da Terra, características absolutamente distintas de qualquer outro lugar do sistema solar, pelo menos com as informações que se têm até hoje, foram determinantes na evolução da vida em nosso planeta. A Hipótese de Gaia defende a idéia de que os organismos, principalmente os microrganismos, evoluíram juntamente com o ambiente físico. Esse processo teria formado tão complexo sistema de controle que se tornou imprescindível para a continuidade da vida. A dimensão amplificada do controle biológico, encerrada em um grande sistema, equivaleria então à "Deusa da Terra", significado grego do termo "Gaia". Segundo os autores dessa hipótese, o planeta nada mais é do que um grande ser vivo.

Não é de hoje que as sistêmicas teorias ecológicas atravessam fronteiras, depois de consolidadas dentro da ecologia. Uma dessas transposições, inclusive, levou a Teoria Geral dos Sistemas proposta por Bertalanffy a se relacionar com o jornalismo impresso. Essa criação acadêmica em específico – pois existem outras –, está apresentada de forma bem aprofundada no livro *El periodismo impreso y la teoría general de los sistemas: un modelo didáctico*. O autor da obra, de 1991, é Edvaldo Pereira Lima, professor da Escola de Comunicação e Artes da Universidade de São Paulo (ECA/USP).

Ao escolher seguir os caminhos propostos por Bertalanffy, o pesquisador brasileiro o fez por causa, entre outras coisas, da proposta fundamental que sustenta a formulação teórico-sistêmica:[3]

> O postulado básico da teoria geral dos sistemas consiste no que o autor denomina perspectivismo. Opõe-se ao reducionismo, à concepção de que todos os fenômenos podem ser resolvidos por acontecimentos físicos e de que todas as ciências se reduzem, em última instância, à física. A realidade é assim encarada como um todo organizado, distribuído em diferentes níveis, com construções e leis que atuam nos níveis individuais. Existe um princípio unificador que trabalha nesses diferentes níveis e os integra em um todo, sobrepondo a todos os componentes meramente físicos de cada um deles.

Ao trazer o enfoque sistêmico da ecologia para o jornalismo, Lima não só permitiu a abertura de novas possibilidades como mostrou ser possível percorrer esse caminho. Ao mesmo tempo (isso continua válido), alertou para a necessidade de atenção redobrada nessa travessia.

> O enfoque sistêmico, por conseguinte, constitui um instrumento de trabalho disponível para o estudioso de hoje que queira partir para uma análise de seu objeto de investigação, de uma perspectiva contextual no espaço ou de uma continuidade dinâmica no tempo. Sua aplicabilidade em diversos

---

3 Embora os textos em destaque tenham sido escritos originalmente em espanhol, preferimos traduzi-los. (N. E.)

setores do conhecimento humano é um forte indício da existência de laços comuns entre fenômenos aparentemente distantes.

Nanociências sociais

Não é exagero afirmar que as áreas básicas da ciência estão todas se encontrando, e de uma forma muito mais integradora do que se viu até hoje nas pesquisas revolucionárias do mundo das nanociências. São os sistemas em pleno funcionamento. Já faz mais de 25 anos que Richard Feynman, Prêmio Nobel de Física em 1965, agitou o encontro da American Physical Society, em Pasadena, nos Estados Unidos. No ano da graça de 1959, o professor do Instituto de Tecnologia da Califórnia lançou a famosa pergunta: por que não podemos escrever todos os 24 volumes da Enciclopédia Britânica na cabeça de um alfinete? O questionamento, considerado bastante inusitado na época, foi feito durante uma conferência que tinha um título também instigante: "Há muito espaço lá embaixo".

A mecânica quântica e a matemática estão principalmente relacionadas com essa viagem ao muito pequeno. Porém, mais recentemente, e isso também é fruto da descoberta da dupla hélice de DNA, a biologia e a química têm sido decisivas para as pesquisas no mundo nanométrico. E, por falar nele, é interessante que se estabeleçam, antes de mais nada, algumas relações de grandezas.

É emblemática a comparação retirada do livro *O mundo nanométrico: a dimensão do novo século* – esta obra do professor Henrique Toma, do Instituto de Química da Universidade de São Paulo, é uma das poucas em português voltadas para o público leigo. Assim como o planeta é dez milhões de vezes maior do que o homem, a molécula humana é igualmente dez milhões de vezes menor do que o ser humano – um nanômetro equivale aproximadamente ao comprimento de dez átomos enfileirados. Já um nanotubo de carbono, elemento químico fundamental ao mundo nanocientífico por suas características físico-químicas, tem o diâmetro da ordem de dez nanômetros; enquanto uma molécula de DNA tem mais ou menos cem nanômetros, e a espessura de um fio de cabelo, cem mil nanômetros.

Essa união de disciplinas e de cientistas torna-se laboratório ideal para a análise do complexo com base em um enfoque sistêmico e jornalístico. O produtor de sentidos, representado pela figura nem sempre bem-vinda do repórter científico, na maioria das vezes tende a uma abordagem monolética (unidirecional) dos fatos. Ao ficar, por exemplo, na aplicação das nanociências pura e simplesmente, por mais que um físico, um químico e um biólogo sejam ouvidos, consigam passar suas mensagens e tenham ainda o que dizer, não se ultrapassaram as fronteiras do chamado universo científico. Certa dose de historicidade e de contextualização à história científica que se quer contar pode ajudar bastante o consumidor desses sentidos simbólicos a entender o que ocorre no mundo do muito pequeno. Mas isso só não basta. Além da abordagem e do conteúdo, existe ainda a forma com que as informações são apresentadas. Por mais que o universo científico discorde, a humanização desse universo, o entrelaçamento desses contextos com o mundo dos mitos, das inspirações e das intuições – para usar as aspirações do filósofo Ernst Cassirer[4] – ou as ferramentas de expressão experimentadas pelo New Journalism, nos anos 1960, especialmente, poderiam ser mais bem utilizados no cotidiano do fazer jornalístico.

Ao montar um "jornossistema", a questão do jornalismo científico pode ser encarada como um subgrupo desse sistema maior, que aparece com um singelo nome: jornalismo. E pronto. No ambiente de entrada dessa bola que engloba as demais estão os sentidos que devem ser resgatados pela reportagem. Do lado da saída, o consumidor de sentidos. O ato de reportar, que seria equivalente ao fluxo energético dos ecossistemas da ecologia e precisa ser sempre ciclado pelos chamados elementos químicos, é o fluxo energético que deve cortar os diferentes universos. No caso do conjunto jornalismo, e só nele, os elementos de ciclagem são a forma, o conteúdo, as ferramentas. São, enfim, as questões epistemoló-

4 Ernst Cassirer, *The philosophy of symbolic forms.*

gicas pouco discutidas nos dias de hoje, mas que permitirão aos comunicadores sociais enfrentar, com coragem, os desafios complexos desse início de novo milênio.

E no subgrupo jornalismo científico, será que existe apenas um único elemento de ciclagem das reportagens, representado pelas questões levantadas pelas chamadas ciências *hard* ou duras (física, química, matemática e biologia)? Espero que o leitor concorde que a ciência não está acima do bem e do mal. Ela está inserta em um universo, em uma sociedade, em um mundo político e econômico. Para se nutrir de todos esses sentidos, o produtor de significados simbólicos precisa usar o que de melhor a abordagem dialética, e não ideológica, nos oferece. O conhecimento científico é uma referência importante para a construção de estados-nações, por mais que a globalização tente exterminar esse conceito. Para o jornalismo, porém, mesmo que a espiral da ciência continue decisiva, ela não pode ser considerada única.

Ainda no subgrupo do jornalismo científico orbitam, neste mundo, apesar de tudo bastante amplo, questões filosóficas, culturais, sociais (econômicas e políticas) e históricas. Voltar ao caso das nanociências, nesse momento, pode ser interessante para aprofundarmos alguns degraus nesse raciocínio.

Uma das aplicações chamadas de fantásticas pelos nanocientistas, que os avanços no universo do muito pequeno vão proporcionar à humanidade está no campo da medicina. Os nanorrobôs (*nanobots* ou *nanorobots*, em inglês), se colocados em uma balança hipotética, estão mais para o lado da realidade do que da ficção científica, atualmente. E eles poderão fazer, agora do ponto de vista jornalístico, coisas realmente sensacionais.

Outra aplicação ocorre com as viroses modernas – que têm atingido milhões de pessoas todos os anos nos seis continentes do mundo, incluindo a Antártida –, que são das primeiras a serem combatidas pelas novas nanoarmas. Um vírus, e o mesmo vale para uma bactéria, quando entra no organismo humano, ativa, sem que ninguém tenha consciência, os chamados linfócitos T. Esse grupo de células, presente na corrente sangüínea, não apenas reconhece o invasor, como também vai ao encontro dele, para tentar neutralizar as substâncias tóxicas que esses microrganismos podem despejar pelas células humanas e, assim, desencadear uma possível moléstia. Não se trata, ainda, como lembra com parcimônia Henrique Toma em seu livro, de construir sistemas eletrônicos que possam copiar o mecanismo de defesa do corpo humano. Isso ainda é mera especulação dos diretores de Hollywood.

Estão sendo, sim, desenhados nanodispositivos, montados sobre moléculas biológicas, para funcionar como um vírus do bem. Imagine que um paciente tenha um tumor de próstata, por exemplo, ou uma infecção restrita ao tendão do pé esquerdo. Por que liberar um medicamento em todo o organismo se for possível, depois que as cápsulas nanométricas estiverem prontas, achar o foco e disparar uma quantidade controlada de remédio, possivelmente a ideal, para que o problema de saúde possa ser debelado? Assim como alguns vírus correm direto para as células cardíacas ou hepáticas, os médicos poderiam impor o mesmo destino aos nanorrobôs. Claro que, quando isso ocorrer, a notícia, mesmo de forma monolética, já alcançará alto índice de leitura. Só vale lembrar a diferença existente entre notícia e reportagem, nem sempre muito percebida pelo público. É na reportagem que crescem as possibilidades da aplicação das teorias sistêmicas, apesar de não ser impossível fazer o mesmo dentro da outra categoria formal – e existem várias outras – do produto jornalístico.

Uma corrente já atuante no Primeiro Mundo em analisar essas fronteiras nanocientíficas, e que começou a chegar ao Brasil há dois anos, é um exemplo importante de como o jornalismo científico não tem olhado muito para os lados. Cientistas estão gritando contra essa nova forma de abordagem epistemológica da questão nano. Os sociólogos e os filósofos, que formam essa nova linha igualmente original de ver os fatos, não fazem parte do primeiro grupo, considerado quase sempre unânime.

Os defensores do conceito de nanotecnologia social – termo recente que vem sendo usado por alguns grupos de pesquisa no Brasil – têm algumas preocupações que ao menos mereceriam ser discutidos por toda a sociedade.[5] Em um caso como esse os comunicadores de massa devem assumir seus papéis fundamentais na disseminação dessas discussões, que dizem respeito a todos. Isso atinge de forma central o chamado interesse público, outro item sempre no foco – ou que deveria estar – do jornalismo e dos jornalistas.

Com o fundamentalismo descarado – e também travestido em alguns casos – e crescendo de forma impressionante, a cena a seguir, apesar de fictícia, também poderá não demorar muito a ocorrer, principalmente depois que os nanorrobôs forem dominados por todos. Estimativas dos pesquisadores indicam que isso poderá acontecer a partir de 2020, e, com toda a certeza, ocorrerá em 2045.

O trocadilho a seguir também não se trata de um catastrofismo barato. Muito pelo contrário. Se a história da aplicação das nanocápsulas na medicina fosse escrita novamente, mas com duas ou três frases trocadas, o sentido mudaria brutalmente. Imagine se, em vez de médico, estivesse escrita a palavra "soldado" ou "terrorista"; em lugar de paciente, a palavra "prisioneiro" ou "refém"; se, em vez de "medicamento para curar", aparecesse impresso "veneno para matar". Como essas cápsulas também poderiam ser detonadas pelo usuário do método – e nesse caso o detonador pode ficar ao lado da vítima –, estaria pronto o cenário. As pessoas, independentemente de qual lado estejam, poderão ser forçadas a fazer algo contra a sua vontade porque haverá cápsulas envenenadas em suas artérias, prontas para liberarem suas cargas, quem sabe sobre o cérebro, por exemplo.

Esse exemplo hipotético talvez soe exagerado e pode até ser. A história da ciência também mostra que essa não seria a primeira vez que um avanço científico, sempre pensado para fazer a chamada evolução positiva, viesse a ser descaracterizado. Ou, muito menos, exterminado.

---

5 Em 2004 ocorreu a formação da Rede Nacional de Pesquisa em Nanotecnologia, Sociedade e Meio Ambiente (Renanosoma). Na Inglaterra e nos Estados Unidos existem também vários grupos de pesquisa enfocando o assunto.

Sendo assim, a fabricação e a maravilhosa evolução dos aviões teriam sido interrompidas antes da metade do século XX. O que não parece nenhum excesso, entretanto, é a vontade que os cientistas sociais e os filósofos contemporâneos têm de discutir essa questão nanocientífica. Como já disse, eles também fazem parte do sistema, ou melhor, todos são protagonistas de ações epistemológicas essenciais que cumprem o papel dos elementos químicos (nitrogênio, carbono, fósforo e assim por diante) na reciclagem energética dos sistemas ecológicos.

Uma reportagem, ao incorporar sua tarefa de funcionar como fluxo de energia entre os sentidos e os receptores dos significados, não pode passar ao largo e deixar nas ilhas pelo caminho peças importantes da carga transportada. Ainda que o curso da embarcação esteja bem definido, rumo ao porto das evoluções científicas, muitas variáveis existem e devem ser rigorosamente incorporadas ao dia-a-dia da vida a bordo para que a viagem e a entrega do produto possam ser consideradas um sucesso. Aliás, o fazer jornalístico pode aprender muito com as desconstruções filosóficas, e essencialmente críticas, feitas tanto no passado como no presente. Esse também está longe de ser um debate datado.

As questões suscitadas nas ciências sociais, derramadas no universo científico, apresentam muitas facetas que deixam o quadro geral das nanociências ainda mais complexo. Note a riqueza de oportunidades que o jornalismo científico está perdendo. Sob uma perspectiva histórica, os componentes filosóficos, sociais, políticos, econômicos e culturais também devem ser chamados para qualquer debate com uma gênese científica.

Os cálculos do Banco Mundial revelam que em 2025 as chamadas democracias industrializadas do mundo ocidental, com todo o seu poderio econômico e político, terão apenas 8,6% da população do mundo. Essa cifra, no início deste milênio, era de 12,7%. Simultaneamente, nos chamados países subdesenvolvidos, o Brasil entre eles, a população vai dobrar de tamanho nas próximas duas décadas. A tendência que se fortalece, segundo os pensadores sociais da nanotecnologia, é a de que todos os avanços fantásticos – sejam eles no campo da medicina ou no da tecnologia da informação, por exemplo – correm o risco de ficar disponíveis apenas para uma pequena parcela dos indivíduos. Além dos 12,7% que estão no chamado Primeiro Mundo, a elite dos demais países teria ainda condições de ser incluída na nanotecnologia. Quem está, hoje, na maioria das vezes, observando a chamada revolução da informática e não conectado a ela ficará duplamente de fora em algumas décadas. Sem a inserção das comunidades mais pobres na revolução nano, a qualidade de vida dessa grande parcela de habitantes do planeta ficará ainda pior.

Essa questão essencialmente social pode ser fragmentada em duas. No caso econômico, que depende do político e vice-versa, fica nítido o fosso nanotecnológico a que o mundo está assistindo. Enquanto países como o Brasil tentam estruturar redes nacionais de estudo do mundo do muito pequeno – e para isso investem alguns milhões de reais por ano –, Japão, Estados Unidos e Comunidade Européia, juntos, colocaram em suas pesquisas US$ 2 bilhões no ano de 2002. Esses orçamentos, para áreas que os países do Primeiro Mundo consideram prioritárias, têm aumentado em até 20% nos últimos três anos. A cultura do setor privado dos Estados Unidos, de investir pesado em pesquisa científica e em inovação tecnológica desde que os resultados apareçam em um intervalo curto de tempo, está fazendo o mercado nanotecnológico girar de forma pesada. Até 2025, os negócios do setor devem movimentar, ao ano, US$ 35 bilhões. Em 2002, os balanços azuis fecharam em US$ 200 milhões.

Nada contra o lucro e os negócios capitalistas, mas a reação de alguns pesquisadores de diversas áreas nos Estados Unidos durante o ano 2000 – eles aproveitaram para criar o Projeto de Implicações Éticas e Sociais (Elsi, na sigla em inglês para a nanotecnologia), contra essa expansão grandiosa que já havia ocorrido nos anos 1990 com a biotecnologia – repercutiu inclusive na Casa Branca. O governo norte-americano, pelo menos no papel, prometeu que todos os impactos das nanociências na sociedade seriam precedidos por análises de cunho legal, ético, social e econômico. Eis uma importante visão holística ou uma importante pauta jornalístico-sistêmica, que poderia ser apresentada na forma de um livro-reportagem bastante atraente.

Filtros solares que não apenas protegem a pele dos raios ultravioleta como ainda a tratam, oferecendo vitaminas necessárias para que permaneça saudável; vidros autolimpantes; máquinas que retiram energia da luz do sol para funcionar com eficiência, tal e qual fazem as plantas durante o processo de fotossíntese. Dentro da proposta sistêmica formulada nas páginas anteriores, não se trata de negligenciar as questões científicas, com todos os seus desafios e conquistas. O oposto. Na maioria das vezes, elas merecem mesmo estar no centro das atenções jornalísticas.

Os cientistas concordam que a disseminação da nanotecnologia de forma brutal, como ocorre com os computadores hoje, deverá demorar ainda cerca de vinte anos. É tempo suficiente para que os sociólogos, filósofos, antropólogos e até jornalistas se adeqüem a esse reencontro das ciências básicas em um mesmo cruzamento epistemológico. Antes disso, entretanto, não estão descartados alguns problemas pontuais em relação aos seres humanos e os impactos negativos (nem tão isolados assim) sobre o meio ambiente. A certeza, ao que tudo indica, é a de que as nanociências terão um poder transformador maior do que o silício teve nas últimas décadas.

Início da vida

Qualquer pessoa que, nos dois anos passados, tenha lido jornal, visto televisão ou navegado pelos *sites* de notícias científicas – e talvez não tenha visto muita coisa sobre as nanociências sociais – com certeza deparou com outro assunto bastante polêmico que, mais uma vez, parece estar sendo visto pelo jornalismo apenas pela ótica dos cientistas das disciplinas duras. O uso das células-tronco embrionárias em pesquisas científicas, ao mesmo tempo que abre oportunidades fantásticas para a cura de algumas doenças humanas – isso em prazos de cinco anos ou mais, dependendo do caso –, também suscita a ira de vários grupos sociais. A pergunta “Quando começa a vida?” não pode ser respondida com precisão nem pelos cientistas, nem pelos religiosos, muito menos pelos filósofos ou pelos cientistas sociais. Na verdade, cada grupo defende a sua verdade, que nunca é a mesma do outro.

Enquanto para grande parte das pessoas a vida começa na concepção, alguns grupos de cientistas defendem que nas primeiras semanas de desenvolvimento do embrião, quando as células-tronco seriam retiradas de uma estrutura chamada blastócito (grupo de células embrionárias não diferenciadas), ainda não existe sistema nervoso e, portanto, não há como a dor ou até mesmo a consciência estarem presentes. A outra questão delicada diz respeito aos embriões já existentes, que são congelados em nitrogênio líquido e depois de determinado tempo descartados pura e simplesmente. Se eles estão aí, por que não usá-los para salvar vidas no futuro? Do outro lado dessa trincheira específica, onde está inclusive parte dos cientistas, surge a resposta. Um erro não justifica o outro. Para essas pessoas, as leis que regulamentaram as clínicas de fertilização *in vitro* não foram escritas de forma adequada. Deveria haver mais restrições aos métodos de produção dos embriões, proporcionando uma situação em que não haveria material para ser descartado.

Além de não arejar seus pontos de vista, a alguns jornalistas falta, na maioria das vezes, uma visão sistêmica – sem, é claro, ser inocente achando que o problema se resume a isso. Mais do que problemas como falta de tempo, equipes pequenas, salários baixos etc., ainda precisamos levar em conta a manipulação, os *lobbies*, interesses pessoais e assim por diante. O jornalismo, mesmo dentro apenas da questão científica, deixa alguns caminhos de lado, obliterados sem motivos. O contexto histórico é um deles; o filosófico, que permite conexões fortes com o religioso, o mítico e o ético, é outro.

Basta perceber, ao girar a roda da ciência para o passado, que debates muito parecidos com os atuais ocorreram nos anos 1960 quando os cientistas resolveram, por exemplo, fazer os primeiros bebês de proveta. A questão epistemológica era a mesma, apesar de ser totalmente diferente em termos metodológicos. Na década passada, os clones animais também mereceram um destaque semelhante para depois acabarem aceitos. Quase sempre os avanços científicos foram conquistados e incorporados à espiral, mas isso não significa que algumas questões éticas, legais e filosóficas não tenham sido, também, contempladas.

O que se espera do jornalismo, ainda mais em tempos em que a informação passa a ser uma *commodity*, é a análise e a interpretação dos fatos. Isso passa a ser decisivo para conquistar o consumidor de sentidos. Todas essas vertentes podem estar cada vez mais presentes. Até porque, em todos esses campos, ao menos dentro dos muros das universidades e fora dos laboratórios essencialmente científicos, essas discussões também acontecem. E o mesmo vale para os universos filosóficos e religiosos, embora em alguns casos esses últimos mostrem-se cada vez menos centrados em seus fundamentos. Mesmo sem sair das chamadas ciências, sejam elas humanas, exatas, biológicas ou teológicas, é possível alcançar profundidade e diversidade tanto de idéias embasadas como de pontos de vista instigantes. Não são apenas dois lados, mas vários. A verdade pode estar próxima de todos.

Quando o foco extrapola o mundo da ciência, no caso específico do uso das células-tronco embrionárias, novas travessias são possíveis. Os sistemas abertos não deixam de se conectar, mais uma vez, com a questão social, política e econômica. No caso político, por exemplo, saem de cena as bancadas laboratoriais e os gabinetes dos pesquisadores e entram os plenários, os corredores e as salas do Congresso Nacional. Apesar de tratarmos de outra esfera, ela está totalmente atrelada à primeira. O problema surge – e isso os jornalistas retrataram bem durante as discussões da Lei de Biossegurança em 2004 – quando as discussões políticas esquecem o conhecimento científico e as leis acabam contendo desde erros conceituais até determinações nulas, por não condizer com o mundo vivo e real. Mais uma vez, é o *lobby*, inclusive científico e religioso, que acaba prevalecendo.

Enquanto isso, na sala de Justiça... o cenário socioeconômico também se forma com base em outros atores sociais. As clínicas de fertilização *in vitro* se multiplicam. Além de fazerem pesquisas apenas em alguns casos, atendem cada vez mais e mais pacientes. Nos hospitais públicos ainda são poucos os cidadãos brasileiros que conseguem ter acesso à tecnologia de ponta, derivada da engenharia genética e dos avanços em geral. Mais um quadro que se fortalece, de forma praticamente automática. Muito menos do que o denuncismo panfletário e as manchetes garrafais, o que se propõe é que o jornalismo científico capte critérios críticos da filosofia, a visão sistêmica da ecologia e a abordagem temporal e analítica dos historiadores para poder seguir em frente e cumprir o seu papel. Mesmo porque ainda está distante o dia em que o jornalismo poderá se enquadrar nas definições exigentes da ciência, com métodos rígidos e reproduzíveis. Talvez, para o bem da poesia e da emoção, nem seja bom que isso realmente ocorra.

Lógica irracional

Todos os três filósofos aqui citados (Cassirer, Bachelard e Whitehead) se debruçaram, cada um ao seu modo, sobre o pensamento científico. A história e a filosofia da ciência, até no caso das genialidades de Einstein e de Darwin, sempre procuraram dar inteligibilidade à intuição e ao processo de criação dos grandes mestres da ciência. Esse é um dos princípios básicos desse universo.

A obra de Cassirer, principalmente no caso das reflexões presentes nos três densos volumes de The philosophy of symbolic forms [*A filosofia das formas simbólicas*], vai mais além, porque analisa a linguagem e o pensamento mítico. É nessa travessia entre o mito e o científico, entre a emoção e a razão, que o jornalismo – mesmo o que realiza a cobertura científica – pode se beneficiar. O autor alemão é claro nas relações que estabelece: "O problema que reside nos primórdios das artes, das leis e das ciências deve ser colocado em um único estágio. Todos os processos estão envolvidos com o indiferenciado pensamento mítico", escreve Cassirer em sua célebre obra. "A emergência das formas culturais específicas que saem das universidades e a indiferença que existe perante o mito nunca poderão ser realmente entendidas, se a força primária desse relacionamento permanecer um mistério insolúvel." O mito, defende o intelectual, precisa ser reconhecido como um modo independente de formação espiritual, e não como um caos.

Ao trazer também o mito para o centro das discussões, e ao mesmo tempo fortalecer a necessidade de olhar para as relações de uma forma racional, Cassirer oferece uma chave que pode muito bem ser usada pelo produtor de sentidos para abrir algumas portas. Ao fazer isso, além de estar bem armado do ponto de vista teórico, com técnicas avançadas de exercer o seu ofício de costurar linguagens – e ter ainda uma visão sistêmica do cenário abordado –, o repórter poderia incorporar aos seus simbolismos e às suas versões inevitavelmente inacabadas do cotidiano as vertentes humanas e emocionais, e as vertentes culturais, quase nunca lembradas.

Por mais que os puristas defensores da Teoria da Evolução[6] achem errado, e talvez o antropólogo Levi-Strauss fosse um contraponto interessante, os genes, as mutações e a reprodução sexuada não são responsáveis por tudo. Se o meio ambiente exerce apenas uma pressão temporária sobre o fenótipo, os aspectos culturais de um povo não. Eles são duradouros, muito mais do que algumas gerações humanas. A não ser que catástrofes também provocadas pelo homem – e várias ocorreram no Brasil, seja com os índios, seja com os caiçaras da extensa costa – transformem tudo.

A travessia rumo ao universo sistêmico pode soar absurda, ousada, estúpida e até impossível. Certamente, ela terá de ser testada na rua passo a passo, com grandes chances de ser atropelada pela falta de recursos financeiros e humanos, ou simplesmente por falta de visão ou vontade de fazer de um editor. O problema mais central, por enquanto, é que esse processo nem mesmo começou para valer no dia-a-dia jornalístico, com

---

6 Um dos mais adeptos dessa linha de pensamento é o pesquisador queniano Richard Dawkins, que estudou e hoje leciona na Universidade de Oxford, no Reino Unido. A defesa apaixonada pelo darwinismo pode ser vista na obra *O relojoeiro cego*, editada no Brasil pela Companhia das Letras.

honrosas exceções. As formas simbólicas, que focam sobre o complexo e o traduzem para o leitor-telespectador-ouvinte-internauta, estão longe de ser produzidas em sua plenitude.

Voltemos aos céus que tanto chamaram a atenção de Copérnico e até hoje fascinam pelos seus mitos e pela racionalidade cada vez mais sistêmica que tem sido descoberta. Parafraseando Renato Teixeira em sua canção *Raízes*: "Amanhecer é uma lição do Universo /que nos ensina/ que é preciso renascer. /O novo amanhece. /O novo amanhece".

Referências bibliográficas

BACHELARD, Gaston (1884-1962). *A filosofia do não; o novo espírito científico; a poética do espaço*. São Paulo: Abril Cultural, 1984.

BURKET, Warren. *Jornalismo científico*. Rio de Janeiro: Forense Universitária, 1990.

CASSIRER, Ernst. *The philosophy of symbolic forms*. Nova York: Yale University Press, 1955.

COPÉRNICO, Nicolau. *Commentariolus*. Trad. Roberto de Andrade Martins. Campinas: Editora da Livraria da Física, 2003.

CREATH, Richard; MAIENSCHEIN, Jane. *Biology and epistemology*. Cambridge: Cambridge University Press, 2000.

DARWIN, Charles. *A origem das espécies*. São Paulo: Hemus, 1989.

DAWKINS, Richard. *O relojoeiro cego*. São Paulo: Companhia das Letras, 2001.

LIMA, Edvaldo Pereira. *El periodismo impreso y la teoría general de los sistemas: un modelo didáctico*. Cidade do México: Trillas, 1991.

LOVELOCK, James. *Gaia: a new look at life on Earth*. Oxford /Nova York: Oxford University Press, 1979.

ODUM, Eugene. *Ecologia*. Rio de Janeiro: Guanabara, 1988.

TOMA, Henrique. *O mundo nanométrico: a dimensão do novo século*. São Paulo: Oficina de Textos, 2004.

WHITEHEAD, Alfred North. *A ciência e o mundo moderno*. São Paulo: Brasiliense, 1951.

Dupla hélice

Aos jornalistas, auxílio; aos cientistas, preparo para lidar com a imprensa

VERÔNICA FALCÃO*

Uma das formas de avaliar um cientista é pelos artigos que publica em revistas especializadas. Quanto mais conceituada a revista e mais citado o artigo em outras publicações do gênero, melhor a pesquisa. O critério é adotado pelas agências financiadoras para escolher a quem distribuir os recursos e, embora não se constitua em uma regra entre jornalistas, tem sido cada vez mais usado pelos que cobrem ciência para escolher os assuntos que vão divulgar.

Se uma pesquisa passou pela avaliação de outros cientistas – os editores ou *referis* da publicação – antes de ser estampada em uma revista prestigiosa, pode muito bem servir para a divulgação ao grande público. Isso não quer dizer que todo artigo científico se preste a uma matéria.

---

* Jornalista especializada em ciência. É setorista de ciência e meio ambiente do *Jornal do Commercio*, do Recife, onde assina uma coluna semanal. Pelo conjunto de reportagens na área, o jornal foi agraciado, em 1997, com o Prêmio José Reis de Divulgação Científica, categoria Instituição. Foi bolsista da Associação Americana para o Progresso da Ciência. Em 2001, ficou em segundo lugar no Prêmio Nacional Biodiversidade da Mata Atlântica.

Assuntos de difícil abordagem jornalística, como a matemática pura ou a física teórica, continuam recebendo pouco espaço na mídia.

Ciências humanas e sociais também dificilmente ganham destaque no noticiário científico, praticamente dominado pelas ciências exatas, biológicas, arqueologia, paleontologia, agronomia e as engenharias. Explicar o porquê não é fácil. Voltando ao critério das agências financiadoras de pesquisa, as ciências sociais, assim como não recebem destaque na mídia, são as que menos recebem recursos.

As áreas de física, química, biologia e genética têm sido as mais beneficiadas por financiamentos. Pesquisadores das ciências políticas e sociais, por sua vez, freqüentemente aparecem nas páginas de política, opinando sobre a vitória ou derrota inesperada de um candidato, e na editoria internacional, comentando conflitos étnicos ou guerras. Ou ainda mostrando os resultados de uma pesquisa sobre uma nova versão para algum fato histórico.

Outros espaços quase garantidos aos pesquisadores dessas áreas têm sido os perfis e entrevistas, principalmente as no formato de pergunta e resposta, tipo pingue-pongue. Nessa qualidade de texto, os cientistas da área de humanas e sociais costumam ficar mais à vontade para expor seus pensamentos. Pingue-pongues são mais observados em encartes semanais de jornais, em especial os de cultura, e nas revistas, assim como em programas de televisão. Alguns deles são, inclusive, compilados e publicados em livros. É o caso de *Cientistas do Brasil, depoimentos* e *Prazer em conhecer: as entrevistas de Pesquisa Fapesp*.

As estatísticas do Conselho Nacional de Desenvolvimento Científico e Tecnológico (CNPq) confirmam, de certa forma, a preferência da mídia pelas ciências exatas, da terra e biológicas. Em 2003, a ciência da computação foi a que mais teve projetos de pesquisas apoiados, com R$ 7.866.515. Agronomia ficou em segundo lugar (com R$ 7.560.054), seguida por genética (R$ 4.830.688). A área que recebeu menos recursos foi turismo, com apenas um projeto financiado, no valor de R$ 3.579.

A medicina, embora geralmente mereça uma seção à parte no noticiário, muitas vezes se enquadra na cobertura científica. São freqüentes as matérias sobre descobertas na área de neurologia, explicando o funcionamento do cérebro, mal de Alzheimer e mal de Parkinson. Mas nada se iguala a aspirina, café e vinho tinto no que se refere à quantidade de pesquisas médicas com destaque na mídia. Ora enfocando aspectos positivos, ora negativos, essa é a tríade mais comentada na área de saúde.

Uma das exceções das ciências humanas na cobertura jornalística é a arqueologia. Habitualmente lêem-se matérias sobre a descoberta de novas espécies de hominídeos, rotas inesperadas de povoamento das Américas, vestígios cada vez mais antigos de ocupações humanas nesse continente e escavações que revelaram o uso de determinada tecnologia por populações primitivas. No noticiário internacional sobre ciência oferecido pelas agências de notícias, a arqueologia só é páreo para a paleontologia. É impressionante como o que não se pode mais ver ou tocar, a não ser por meio de vestígios, como dinossauros ou culturas humanas pré-históricas, exerce um fascínio sobre jornalistas e público.

Nessa seara se enquadra ainda a astronomia. São igualmente assíduas no material científico das agências peças sobre as últimas conquistas das sondas espaciais, os vôos tripulados à Estação Espacial Internacional e as fotografias espetaculares feitas pelo telescópio espacial norte-americano Hubble. Assim como o SCDC-1, o Satélite de Coleta de Dados brasileiro, que heroicamente continua enviando informações sobre o clima, mesmo tendo sua vida útil se esgotado – o Hubble permanece em atividade, embora seu colapso já tenha sido anunciado pela agência espacial norte-americana (Nasa).

Mais antigo telescópio espacial em funcionamento, está em órbita desde abril de 1990. Sua construção começou em 1975. O lançamento seria em 1986, mas foi adiado em função do desastre com o ônibus espacial Challenger. Agora, outro acidente ameaça o Hubble. Por causa da morte dos sete astronautas do ônibus espacial Columbia, em fevereiro de 2002, o governo dos Estados Unidos desistiu da missão que previa reparos no telescópio a ser realizados por astronautas.

Sua duração estimada inicialmente era de oito anos, mas o Hubble deve parar de operar em 2007 ou 2008, quando sua bateria acabará e seus giroscópios – dispositivos usados no controle do seu posicionamento – não mais funcionarão. Diante dos riscos de uma missão tripulada e sob pressão da opinião pública, a Nasa chegou a considerar o desenvolvimento de uma missão robótica que pudesse salvar o telescópio. Os estudos a esse respeito, no entanto, concluíram que nenhum robô que pudesse ser desenvolvido até 2007 seria capaz de cumprir as tarefas originalmente pensadas para astronautas. Pior: o custo estimado do projeto atingiu a casa dos US$ 2 bilhões. Tudo, cada detalhe que se discute sobre o Hubble, tem acompanhamento da imprensa, inclusive no que se refere ao orçamento.

O interesse do público pelo espaço é tanto que, em 2004, quando um físico que assinava uma coluna dominical em um jornal brasileiro de grande circulação anunciou que aquele seria seu último artigo, uma enxurrada de cartas à redação e telefonemas levaram os editores a recuar da decisão. O afastamento, comentou-se na época, teria sido motivado pela recorrência do articulista a temas já abordados.

Grandes descobertas geradas em outros países e divulgadas pelas agências de notícia são também relatadas por jornalistas do Brasil. É comum em um mesmo dia, em jornais e emissoras diferentes, ser veiculada a mesma notícia, com texto e abordagens distintas. Essas notícias podem ter origem nas agências internacionais ou ser produzidas localmente. O que encurtou a distância entre as fontes de informação e os repórteres especializados, claro, foi a internet.

É por *e-mail* que os jornalistas recebem com antecedência o que será publicado nas revistas científicas. Uma semana antes de chegar às bancas, a britânica *Nature* e as norte-americanas *Science* e *Proceedings of the National Academy of Sciences* (PNAS) enviam resumos dos artigos, com opção de baixar o texto completo, para repórteres de todo o mundo. Esse serviço, chamado de notícias embargadas, é regido por uma espécie de acordo de cavalheiros firmado tacitamente entre os assessores de imprensa dessas publicações e os jornalistas.

O material é enviado com antecedência para que o repórter possa contatar o autor principal do artigo – devidamente identificado e guarnecido de telefones e *e-mail* – ou até mesmo repercutir a notícia com suas fontes locais. Ao mesmo tempo, o autor principal é avisado do procedimento, para que se coloque à disposição da imprensa. É uma forma interessante de divulgação que poderia muito bem ser adotada pelas revistas científicas brasileiras.

Outra estratégia de divulgação comum na Europa e nos Estados Unidos, mas ainda incipiente no Brasil, são as entrevistas coletivas convocadas pelos assessores de imprensa das universidades e dos institutos de pesquisa. Seguem mais ou menos o padrão das notícias embargadas. O assessor põe o autor de um artigo científico ou de uma recente descoberta frente a frente com os jornalistas, um ou dois dias antes de a revista ser publicada.

Por aqui, uma das poucas instituições públicas que prestam serviço semelhante é o Museu Nacional do Rio de Janeiro, que vez por outra anuncia a descoberta de um fóssil de dinossauro ou outro animal pré-histórico. A iniciativa, que inclui a exibição de réplicas do animal, é louvável diante da falta de interesse dos assessores de imprensa em promover esse tipo de entrevista coletiva.

A entrevista pode ocorrer ainda por telefone, após a divulgação por *e-mail* da notícia embargada. Essa é uma prática freqüente da Conservação Internacional (CI). A organização não-governamental, com sede nos Estados Unidos e escritórios no Brasil, é uma das poucas que aliam, de fato, pesquisa e conservação ambiental. Ao mesmo tempo que protege áreas importantes para a biodiversidade, tem pesquisadores altamente gabaritados, que não raro publicam em revistas como a *Nature*. Dias antes de um livro ou artigo sair do prelo, a assessoria de imprensa da CI costuma enviar uma cópia digital para os jornalistas, acompanhada dos telefones e *e-mail* dos autores.

Há os assuntos sempre presentes, como astronomia e arqueologia, e os que estão na moda. A primeira década do século XXI é, sem dúvida, a vez da nanotecnologia, da genética, com seus transgênicos e DNAS decodificados, e das células-tronco, que podem gerar qualquer tecido, abrindo um leque para aplicações no tratamento de várias doenças. Os transgênicos têm sido bastante abordados mais pela polêmica que provocam por causa dos improváveis (no sentido de não se poder provar mesmo) danos à saúde e ao meio ambiente do que pelo acelerado desenvolvimento de organismos turbinados com genes de outras espécies.

Muitas vezes se deixa de noticiar os avanços da Empresa Brasileira de Pesquisa Agropecuária (Embrapa), que compete em pé de igualdade com as congêneres dos países desenvolvidos, para, apenas, se polemizar. Aí está outro exemplo brasileiro de instituto de pesquisa que faz sua parte na área de divulgação. Além de boletins enviados aos meios de comunicação reportando as mais recentes descobertas, a Embrapa mantém um grupo de jornalistas e pesquisadores que se dedica à divulgação científica não apenas visando à imprensa, mas também ao grande público. O ideal seriam as duas coisas: notícia e, para os que preferirem, polêmica, que não deixa de ser uma forma válida de se colocar um tema em debate.

Por estarem em evidência, essas áreas de conhecimento acabam expondo constantemente alguns cientistas ao público. Poucas são as matérias de genética em que não figure Mayana Zatz, da Universidade de São Paulo, uma das mais citadas do Brasil, conforme levantamento realizado em 2004 pela revista *Veja*. Em nanotecnologia, o físico Cylon Gonçalves da Silva, aposentado do Laboratório Nacional de Luz Síncrotron, em Campinas (SP), e secretário de Política e Programas de Pesquisa e Desenvolvimento do Ministério da Ciência e Tecnologia (MCT) em 2004, é um dos mais requisitados. Embora não mais realize pesquisa na área, é apontado como um dos maiores divulgadores do assunto no país.

Não menos importante, mas pouco requisitado pela mídia, é Mario Baibich, um dos descobridores do fenômeno físico empregado no disco rígido, onde se concentra a memória de todos os computadores. Baibich anunciou a magnetorresistência gigante (MGR) em 1988, tornando-se um dos físicos brasileiros mais citados em revistas científicas. O trabalho sobre o efeito foi mencionado 2.750 vezes em periódicos da área. Isso sem contar teses, livros e publicações eletrônicas. A descrição da MGR é um dos dez artigos de física mais citados do mundo. E o sexto mais citado da *Physical Review Letters*, a mais conceituada revista da área de física.

Baibich, professor da Universidade Federal do Rio Grande do Sul, encontrou o efeito estudando películas de ferro e cromo com alta resistividade, ou seja, mudança de resistência na presença de um campo magnético. Em geral, a resistividade dos materiais que se conheciam até a época variava de 3% a 4,5%. Com a MGR, a mudança na resistência foi de 50%. Daí o termo "gigante".

A MGR permitiu aumentar a memória em um mesmo tamanho de disco rígido. Foi com ela que surgiram os *gigabytes* (GB), unidade de medida de memória de computadores. E não é só na memória de computador que a MGR se aplica. Sensores da indústria automotiva, como freios ABS, também utilizam o efeito, assim como bússolas eletrônicas.

Mas, como autores de grandes descobertas nem sempre recebem *royalties* por elas, até hoje Baibich colhe os louros científicos da MGR. Contudo, quem ficou com os lucros foi o grupo alemão Jüilich, que obteve patente por "possíveis aplicações do efeito". A Jüilich, portanto, tem a patente de todos os usos da MGR. O pesquisador tentou patenteá-la com a indústria Thomson-CSF, hoje ligada ao grupo francês Thales Group, com a qual colaborava. A patente tratava de uma aplicação muito específica e acabou não resultando em *royalties*.

Dois em dois

Tão importante quanto subsidiar o trabalho dos jornalistas científicos é preparar os próprios cientistas para lidar com a imprensa. Uma das lições básicas que todos eles deveriam aprender é a de não conduzir a entrevista como se estivessem escrevendo uma dissertação, tese, ou mesmo um artigo. Apresentação, introdução, metodologia: muitas delongas para chegar até a conclusão, que é no que o jornalista está interessado.

No máximo, um histórico do problema, que serve também como introdução ao assunto, é o bastante para iniciar a entrevista. Geralmente, tudo que um repórter precisa saber sobre uma pesquisa se encontra no resumo de um artigo. O que motivou o estudo e quais as suas aplicações imediatas, caso elas existam, são questões que certamente o autor da pesquisa ouvirá ao longo da entrevista. Exigir que o repórter escute uma longa explicação, para apenas no final fazer as perguntas, não é recomendado. O jornalista não é um aluno que precisa ouvir a aula inteira para só no final tirar as dúvidas. Perguntar durante a entrevista facilita, e muito, o entendimento.

Paciência e boa vontade, de ambas as partes e, sobretudo, dos pesquisadores, são ingredientes básicos na receita do bom relacionamento entre cientistas e imprensa. Explicar conceitos e repetir a explicação quando necessário é comum em uma entrevista. Entender que o jornalista está sempre apressado não porque queira, mas porque obedece a prazos bem mais reduzidos do que os dos editores das revistas científicas, é outro pré-requisito para os cientistas que anseiam por uma boa matéria.

Exigir o acesso ao texto, no caso de meios impressos, antes da publicação, é outra prática que deve ser evitada pelo pesquisador. Isso deve ser negociado, e não imposto. Acostumados aos trâmites das revistas científicas, onde é comum editores pedirem aos autores que refaçam o texto, os cientistas pensam que podem fazer o mesmo com o repórter. A relação, obviamente, é outra. Enquanto um artigo leva meses para ser publicado em uma revista científica, uma matéria leva horas para ser editada, se tanto.

A revisão dos originais pelo cientista, em meio ao corre-corre da edição, pode significar um atraso no fechamento. Por isso o procedimento costuma ser combatido pelos editores. Mesmo porque a maioria dos cientistas, acostumados com um ritmo menos frenético quando escrevem seus *papers*, não consegue atender aos prazos de fechamento, os chamados *deadlines* das redações.

Outro risco que se corre ao enviar uma matéria para a fonte antes da publicação é de ver o texto completamente alterado em nome do rigor científico ou simplesmente porque o entrevistado acha que consegue fazer melhor uma matéria do que o próprio jornalista. O cientista pode até pedir, mas cabe ao repórter, diante da proximidade que tem com a fonte ou das chances que tem de conquistar uma, decidir se submete ou não os originais à revisão. O tempo, se é matéria para o dia ou especial, também conta na hora da decisão.

É bom lembrar que ceder em um primeiro momento pode significar a conquista de uma fonte para sempre. Se um jornalista, nos primeiros contatos com um pesquisador, permite a revisão do texto, com o tempo certamente se estabelecerá uma relação de confiança. A tendência, nesses casos, é o entrevistado ficar tão acostumado com o repórter e vice-versa que as matérias passam a dispensar a revisão.

Se o problema são os erros que podem surgir em uma reportagem, há outros meios que não a revisão dos originais para evitá-los. Um deles é repassar, no fim da entrevista, as informações fornecidas pelo pesquisador. A prática acaba sendo um exercício preparatório para a matéria, à medida que o jornalista idealiza o *lead*, *sublead*, o corpo e a conclusão do texto.

É o momento ideal para conferir se o que o repórter entendeu está correto e corrigir os equívocos a tempo. É claro que os erros sempre vão existir. E não só nas matérias, mas nos artigos também. Se um cientista que leva meses escrevendo um *paper* sobre o assunto que domina pode cometer erros, que dirá um jornalista que se vê obrigado a escrever sobre várias áreas de conhecimento em um curto espaço de tempo.

Além de ter noções básicas sobre os assuntos, o jornalista precisa ainda saber diferenciar o significado de um mesmo termo para as diferentes ciências. É o caso de macerar, por exemplo. Para veterinários e biólogos, macerar é pôr a carcaça de um animal na água até que a carne se desprenda e se obtenha o esqueleto para pesquisa ou exposição. Se o repórter ouvir de um arqueólogo que índios primitivos maceravam um bicho, no entanto, não quer dizer que eles o colocavam em um rio até a correnteza revelar seus ossos. É que macerar, para os estudiosos dos povos pré-históricos, é amassar com água. Já para os químicos, macerar é embeber uma substância sólida em uma líquida para que a primeira obtenha as propriedades da segunda.

Hot spots é outro termo com diferentes significados entre cientistas. Enquanto para os ecólogos são áreas prioritárias para a conservação da biodiversidade – seja pelo alto grau de endemismos (ocorrência de espécies exclusivas), seja pela existência de bichos e plantas ameaçados de extinção –, para os geólogos são áreas vulcânicas.

Financiamentos, como?

Um aspecto que deixa o jornalista em uma situação mais confortável é que grande parte dos cientistas tem interesse em divulgar os resultados de suas pesquisas. Isso porque a divulgação na mídia ajuda, embora não haja estatísticas sobre o assunto no Brasil, no financiamento das pesquisas. Por meio da mídia, parlamentares que votam as propostas de orçamento e até mesmo dirigentes de agências financiadoras têm acesso mais fácil à produção científica. É comum, antes de o governo dos Estados Unidos anunciar o orçamento anual da Nasa, as agências internacionais despejarem notícias sobre as conquistas das sondas espaciais norte-americanas.

O mesmo ocorre com o Hubble. Após a ameaça de cortes, começam a aparecer nas agências fotos feitas pelo telescópio de galáxias distantes nunca antes registradas. Isso mostra a importância da mídia, se não na conquista de mais recursos, pelo menos na manutenção do orçamento. Todos os relatórios sobre o Hubble, os contrários e os favoráveis, sempre chegam à mesa dos editores de ciência dos jornais, revistas, rádios e TVs. E pelo visto a discussão prosseguirá até 2011, com o envio do sucessor do Hubble, o telescópio espacial infravermelho James Webb Space Telescope (JWST).

Um exame acurado sobre a incidência, por assunto, dos temas ligados à tecnologia em jornais, revistas, rádio, TV e internet certamente revelaria que a ciência dos materiais em escala nanométrica (um nanômetro corresponde a um milímetro dividido por um milhão) tem sido uma das líderes do noticiário. A nanotecnologia, embora até 2004 ainda não figurasse isoladamente nas estatísticas do CNPq, tem recebido um aporte alto de recursos, direcionado principalmente às quatro redes que reúnem dezenas de instituições de pesquisa e centenas de cientistas nas áreas de física, química e ciência dos materiais.

Enfrentando-os

A familiaridade com os diversos assuntos da cobertura científica – que inclui meio ambiente, tecnologia e saúde – é adquirida ao longo da carreira. Isso não significa que os iniciantes da divulgação científica saiam perdendo em relação aos veteranos. Ler freqüentemente revistas de divulgação científica e recorrer a um *site* de busca antes da entrevista ajuda, e muito, a se inteirar do assunto. Essa preparação se faz ainda mais necessária no caso de pingue-pongues, em que a qualidade da entrevista depende do conhecimento do jornalista sobre o assunto. Não ter vergonha de perguntar, no caso do repórter, e ter paciência para responder, no caso do cientista, também ajuda ao bom entendimento. É verdade que há assuntos mais fáceis de receber tratamento jornalístico do que outros. Por isso uma área como a de exatas exige uma preparação maior antes da entrevista do que a de biológicas, por exemplo.

A biologia, uma das ciências que mais tem crescido nos últimos anos, tanto em relação ao mercado de trabalho, quanto nos editais de financiamento à pesquisa, é uma das maiores fontes geradoras de matérias. Principalmente no Brasil, um dos países de maior biodiversidade. Junto da Colômbia e da Indonésia, que também integram a lista dos megadiversos, responde por 70% da biodiversidade do planeta. Ao lado do Congo, da Indonésia e de Madagáscar detém 75% de todas as espécies conhecidas de primatas da Terra.

O Brasil possui ainda a maior concentração de mamíferos do mundo, com 514 espécies. Espécies novas, processos ecológicos, bichos e plantas ameaçados de extinção, comportamento animal, genética de populações, efeitos do desmatamento, tudo pode render reportagens. Da mesma forma que pergunta qual a aplicação de uma pesquisa básica em ciências exatas, o repórter deve indagar ao biólogo qual a importância, para o homem, de se preservar um remanescente florestal ou determinada população animal que corre o risco de desaparecer. Estabelecer relações entre a ecologia e a espécie humana, como preservar a floresta para garantir o abastecimento de água e evitar a erosão do solo, é uma forma de despertar não só o interesse do leitor ou espectador para o assunto, mas também sua consciência para a causa ambiental. Meio ambiente, se tratado do ponto de vista científico, deixa de ser um assunto meramente romântico e adquire a seriedade à altura da sua importância.

Ciências básicas e aplicadas

Os pesquisadores das ciências exatas, como química e física, costumam não gostar de ser questionados sobre a aplicação de uma pesquisa básica. Por mais pura que seja a ciência, quase sempre resultará em uma aplicação, imediata ou futura. O que o cientista precisa é ser criativo para vislumbrar a importância tecnológica do seu estudo. O britânico Michael Faraday (1791-1867) foi capaz, no século XIX, de fazer isso. Ele mostrou em uma exposição científica sua experiência em magnetismo, hoje traduzida no dínamo, máquina rotativa que converte energia mecânica em elétrica. Movimentando um ímã próximo a um metal, ele conseguiu produzir uma corrente elétrica. A rainha Vitória visitou a mostra e perguntou a Faraday: "Para que serve seu invento?" A resposta do cientista foi: "Majestade, para que serve uma criança?" A descoberta, pura ciência básica, possibilitou a entrada da civilização na era da eletricidade.

Há ainda os cientistas que fazem pesquisa básica de olho na sua aplicação. Um exemplo clássico é o do francês Pierre-Gilles de Gennes, vencedor do Prêmio Nobel de Física de 1991 por seus estudos com polímeros e cristais líquidos, esses últimos usados em visores de aparelhos eletrônicos. De Gennes é apontado como um dos raros cientistas que conseguem usar ferramentas teóricas e experimentais de ciência básica para o entendimento de sistemas que têm aplicação tecnológica imediata.

O cristal líquido foi descoberto pelo botânico australiano Friedrich Reinitzer (1857-1927), enquanto pesquisava a função do colesterol em vegetais. Em 1888 ele observou que, ao aquecer um cristal de benzoato de colesterol, eram observados dois pontos de fusão – passagem da fase líquida à sólida –, a 145,5 graus Celsius e a 178,5 graus Celsius. Até então todos os materiais conhecidos apresentavam um só ponto de fusão. Mais tarde, em colaboração com físicos alemães, Reinitzer descobriu um líquido com propriedades de sólido cristalino, o que entusiasmou bastante os físicos da época, mas não resultou em nenhuma aplicação tecnológica.

Foi preciso De Gennes garimpar o artigo para trazer à tona os usos do cristal líquido. O francês interessou-se pelos cristais líquidos em 1968, ao ler um texto sobre o assunto em uma revista científica russa. Nessa época, as pesquisas na área tinham sido praticamente abandonadas pelos cientistas. O físico mostrou que o cristal líquido podia se tornar opaco ou transparente ao submetê-lo a campos magnéticos e elétricos. A substância flui como líquido, mas suas moléculas têm certo ordenamento, característica do cristal sólido. O material pode deixar ou não passar a luz, de acordo com a disposição das moléculas. Isso permite a criação de pequenas regiões escuras nas quais as informações são mostradas, como nos visores de relógios.

A descoberta das aplicações do cristal líquido ocorreu tão por acaso quanto a da internet. Hoje domínio dos cientistas da computação, a rede mundial de computadores foi inventada por físicos do acelerador de partículas europeu Cern à procura de um jeito de se comunicar por escrito sem as formalidades e os prazos de uma carta convencional.

O Brasil não tem um Nobel. O que mais próximo chegou do prêmio foi César Lattes (1924-2005), até hoje reconhecido mais pelo meio científico do que pela mídia. Pesquisador Emérito do Centro Brasileiro de Pesquisas Físicas (CBPF), no Rio de Janeiro, é um dos descobridores do méson pi, partícula subatômica que no fim da década de 1940 era tão celebrada quanto hoje o são os *quarks*.

O méson pi é uma das partículas responsáveis pela força nuclear, que mantém prótons e nêutrons ligados no interior do núcleo do átomo. Além da nuclear, existem outras três forças no universo: eletromagnética, fraca e gravitacional. A partícula responsável pela última, o gráviton, é a única ainda não observada. A da eletromagnética é o fóton (que tem a mesma natureza da luz). A força fraca, associada à radiatividade, tem como partículas os bósons W e Z.

A massa do méson pi chegou a ser medida por Lattes, o britânico Cecil Powell (1903-1969) e o italiano Giuseppe Occhialini (1907-1993). A experiência foi feita com chapas fotográficas muito sensíveis, conhecidas como emulsões nucleares. O trabalho tinha de ser realizado em altas altitudes, onde a detecção dessas partículas seria presumivelmente mais favorável. Expuseram essas emulsões a cerca de 2,8 mil metros, nos Montes Pirineus, na fronteira da Itália com a França. Foi Lattes, no entanto, que obteve os melhores resultados, após a análise dos eventos encontrados nas chapas expostas por ele no Monte Chacaltaya, na Bolívia, a 5,6 mil metros de altitude.

Em 1950, Powell ganhou o Nobel de Física pelo desenvolvimento do método fotográfico de estudo dos processos nucleares e pela descoberta dos mésons feitas com esse método. Lattes ganhou, em 1979, o Prêmio Bernardo Houssay, concedido pela Organização dos Estados Americanos (OEA), mas poderia – ou deveria – ter recebido o Nobel juntamente com o físico britânico...

Ciência na mídia

São várias as razões do distanciamento entre a produção científica e sua divulgação em jornais, revistas, televisão, rádio e internet. A falta de interesse dos pesquisadores que se destacam no meio acadêmico em popularizar o seu saber é uma delas. Há cientistas que, por receio de serem mal interpretados pelo jornalista ou por mero desinteresse em formas de divulgação para o grande público, simplesmente se negam a conceder entrevistas. Muitos desses têm uma produção científica que lhes assegura espaço nos melhores periódicos científicos, considerando desnecessária a popularização do seu conhecimento. Outros evitam expor na mídia suas idéias por falta de segurança em relação aos seus resultados ou medo de ser avaliado por milhares e até milhões de pessoas, dependendo do meio de comunicação, em vez do público restrito das revistas científicas.

Há ainda os que usam os jornalistas para se promover. Fui vítima de uma cilada dessas. Sem ter consciência de que se tratava de uma estratégia de autopromoção, certa vez fui procurada por um químico de projeção nacional que era amigo pessoal de um físico brasileiro com pretensões de ser cotado para o Prêmio Nobel. A fonte me informou, garantindo exclusividade, as possibilidades de o tal físico desbancar a Argentina do posto de único país sul-americano a receber a mais importante láurea científica do mundo. Fiz a matéria, ouvindo, inclusive, o físico sobre suas mais recentes descobertas, e a Academia Brasileira de Ciência, que confirmou a indicação.

A entrevista, que ainda guardo, foi feita por *e-mail*. O texto foi revisado pelo químico, que disse ter submetido os originais também ao físico. Material publicado, no mesmo dia o físico escreveu um desmentido em um jornal eletrônico de circulação nacional que compila artigos e notícias científicas. Solenemente, ele garantiu que em nenhum momento sabia que seu nome era cotado para indicação ao Prêmio Nobel de Física. Bem, continuo torcendo para que o Brasil chegue lá, mas agora vou tentar evitar ser um instrumento de autopromoção.

Referências bibliográficas

CAMPANILI, Maura (org.). *Almanaque Brasil Socioambiental*. São Paulo: Instituto Socioambiental, 2005.

CARVALHO, Vera Maria de; COSTA, Vera Rita da (orgs.). *Cientistas do Brasil, depoimentos*. São Paulo: SBPC, 1998.

EPSTEIN, Isaac. *Divulgação científica: 96 verbetes*. Campinas: Pontes, 2002.

LOTH, Moacir (org.). *Comunicando a ciência*. Florianópolis: ABJC, 2001.

MOURA, Mariluce (org.). *Prazer em conhecer: as entrevistas de Pesquisa Fapesp*. São Paulo: Fapesp/Uniemp, 2004.

SÁNCHEZ MORA, Ana Maria. *A divulgação da ciência como literatura*. Rio de Janeiro: Editora da UFRJ, 2003.

SHELP, Diogo. *Ciência: os melhores brasileiros*. São Paulo: *Veja* nº 1878, 2004.

VILAS BOAS, Sergio (org.). *Formação & informação ambiental: jornalismo para iniciados e leigos*. São Paulo: Summus, 2004.

Sites de referência

Canal Ciência, do Instituto Brasileiro de Informação em Ciência e Tecnologia
http://baru.ibict.br/notaveis/

Conselho Nacional de Desenvolvimento Científico e Tecnológico (CNPq)
http://www.cnpq.br

Jornal da Ciência, informativo on-line da Sociedade Brasileira para o Progresso da Ciência (SBPC)
http://www.jornaldaciencia.org.br

Página do Centro Brasileiro de Pesquisas Físicas (CBPF) sobre o méson pi
http://www.cbpf.br/meson/meson.html

Parem as máquinas!

Relações entre tecnologia, informação e desenvolvimento sustentável

Vinicius Romanini*

Mesmo que todas as questões científicas possíveis tenham obtido resposta, nossos problemas de vida não terão sido sequer tocados.

Wittgenstein, *Tractatus logico-philosophicus*, § 6.52

Encantadora tecnologia

A maior parte da cobertura de ciência na grande imprensa se refere, na verdade, aos desdobramentos tecnológicos do conhecimento científico. Fala-se mais de tecnologia do que de ciência pura no jornalismo científico. É fácil entender a razão disso: o público leigo, aquele que não tem interesses profissionais ou acadêmicos específicos nos assuntos de ciência, vê mais apelo nas notícias sobre os últimos avanços da indústria

* Doutorando em Comunicação na Universidade de São Paulo (USP), com bolsa do CNPq. É jornalista especializado em ciência, ecologia e turismo, com passagens pelas revistas *Veja*, *Terra* e *Viagem e Turismo*. Professor de Teoria do Jornalismo. Recebeu, em 2002, o Prêmio Ethos de Jornalismo Ambiental por uma edição especial da revista *Superinteressante*.

de computadores, farmacêutica, automobilística ou de entretenimento do que as longas e complexas explicações sobre o que os cientistas estão fazendo enfurnados em seus laboratórios e institutos de pesquisa. A tecnologia é mais interessante porque tem um impacto certo e quase sempre imediato na vida das pessoas, enquanto a pesquisa científica pura caminha a passos lentos por um aglomerado de conceitos muitas vezes incompreensíveis aos não iniciados.

A ciência pode ser definida como uma forma de conhecimento que tem, como finalidade última, a verdade sobre o mundo – ainda que esse fim possa levantar dúvidas pertinentes sobre a existência e a possibilidade de se chegar a uma verdade absoluta. Nesse sentido, a ciência é uma herdeira direta da filosofia clássica, mas com algumas diferenças importantes. A filosofia geralmente inclui em suas especulações temas metafísicos (aqueles que estão além da possibilidade de experimentação perceptiva, como a existência da alma ou de Deus). Um filósofo pode construir uma arquitetura de idéias sobre o mundo de forma solitária. Já os cientistas modernos trabalham tal e qual uma comunidade de pesquisadores interessada em desvendar os padrões da realidade. A ciência não se interessa pelo individual (aquilo que só acontece uma vez), mas sim pelo que existe de geral. As teorias e leis científicas são mensagens expressas em uma linguagem inteligível à comunidade científica, que descrevem essas regularidades percebidas no mundo.

Surgindo no Ocidente após o Renascimento, no século XV, a ciência é uma invenção tardia de nossa civilização. Ela está estreitamente relacionada à criação do chamado método científico e à adoção de certos pressupostos ontológicos, como a crença em uma realidade independente de nossas mentes (o realismo objetivo), e epistemológicos, como a crença de que a razão humana é suficientemente desenvolvida para apreender os padrões do mundo e dar a eles um tratamento lógico. Caminha pela formulação de hipóteses que procuram explicar regularidades observadas direta ou indiretamente por meio de instrumentos. O experimento é fundamental no método científico, pois permite a confirmação ou refutação das hipóteses levantadas. Hipóteses que não podem ser refutadas, devido à impossibilidade de fazer experimentos sobre elas, não costumam ser aceitas como científicas. A indução é, portanto, a principal ferramenta lógica do cientista que adota o método cartesiano tradicional.

Consideraremos tecnologia, por sua vez, a utilização de todo e qualquer tipo de conhecimento – seja adquirido por meio do método científico ou pertencente ao senso comum – para conseguir efeitos práticos na realidade. Se a ciência quer ser verdadeira, a tecnologia quer ser eficaz. Essa é uma definição muito ampla de tecnologia, mas tem vantagens. A primeira é que inclui a tecnologia produzida por meio do método científico tradicional, porém não fica restrita a esse universo, podendo incluir técnicas e processos adquiridos em outras esferas do saber. A segunda vantagem é que ela nos permite fugir de um antropocentrismo anacrônico para nos aproximarmos de questões importantes levantadas nas últimas décadas pelos etólogos (estudiosos do comportamento animal) sobre a capacidade de outras espécies animais, principalmente dos grandes primatas, de também produzirem tecnologia apropriada para suas necessidades.

A tecnologia é um produto natural da inteligência, não importa de que espécie ou mesmo de que região do universo ela seja. Onde houver inteligência haverá algum tipo de tecnologia sendo aplicada. Por inteligência queremos dizer a habilidade para resolver problemas por meio da elaboração de informação extraída do ambiente. Essa elaboração cria o que chamamos conhecimento – que é sempre uma construção cultural moldada pelas limitações da espécie cognoscente (Uexkull, 1992). A inteligência pressupõe capacidades perceptivas, cognitivas e de memória que possam permitir a extração, o processamento e o armazenamento da informação de utilidade. A tecnologia acompanha a espécie humana desde os seus primórdios. Toda ação baseada em um preceito que não é puramente instintivo, e sim aprendido culturalmente, deve ser considerada tecnológica. Usamos a expressão "tecnologia humana" como o conjunto de técnicas e saberes acumulados por meio da relação da espécie humana com seu meio ambiente.

Fazer divulgação científica ou tecnológica, portanto, são coisas muito diferentes. Para buscar informação sobre pesquisa científica pura, o jornalista precisa ter uma formação específica e estar preparado para enfrentar muitos obstáculos. Percalços que começam na desconfiança e prevenção que os cientistas geralmente têm em falar sobre suas atividades com pessoas que não sejam seus colegas, e se estendem até os aspectos lingüísticos e éticos que surgem quando se traduzem conceitos de uma esfera de saber especializado para o leigo. Os repórteres de ciência precisam compreender os conceitos principais dos temas que cobrem, adquirir um pouco do jargão técnico usado pelos cientistas e, também, conhecer bem os bastidores da política acadêmica e científica. Os cientistas, afinal, são pessoas normais, que gostam de ser reconhecidas por seus méritos. Eles sabem que a divulgação pode lhes ajudar a conseguir financiamentos para seus projetos e respeito por parte de seus colegas. Cabe ao jornalista lidar também com aspectos psicológicos e políticos da atividade científica.

Já a tecnologia, com sua enxurrada cada vez maior de inovações em praticamente todas as áreas da atividade humana, parece talhada para freqüentar os meios de comunicação de massa: ela rende manchetes com facilidade, exibe seus produtos e serviços em uma linguagem publicitária fácil de ser entendida e se apresenta, sobretudo, de uma maneira "palpável" aos nossos sentidos. Pode ser fotografada, filmada ou testada de forma a gerar depoimentos entusiasmados por parte de seus usuários. Além disso, o jornalista que cobre tecnologia tem seu caminho pavimentado por *releases* dos fabricantes ou fornecedores, por demonstrações públicas e manuais detalhados que explicam seu funcionamento. Existe reportagem mais fácil de fazer do que a cobertura de uma feira de novidades tecnológicas?

Relações perigosas

Essa afinidade de interesses entre jornalismo e tecnologia produz uma deturpação perigosa: a imprensa tende a ressaltar os aspectos positivos dos avanços tecnológicos e a negligenciar os negativos. Não devemos atribuir isso à irresponsabilidade dos repórteres. Isso acontece porque há um descompasso no ritmo em que os aspectos positivos e negativos aparecem na realidade. Os positivos normalmente se mostram de forma clara e geram satisfação direta nas pessoas, enquanto os negativos costumam ser cumulativos e só se tornar perceptíveis depois de passados períodos mais dilatados. Os positivos atendem bem ao apetite jornalístico por notícias bombásticas e de interesse público, enquanto os negativos muitas vezes sequer são notados. E, quando aparecem na mídia, costumam ser apresentados como fatos isolados em si mesmos ou fatalidades sem conexão com suas causas reais. Na imprensa, tecnologia recebe sempre o bônus, mas raramente o ônus.

Essa discrepância aparece especialmente nas discussões sobre o impacto humano no meio ambiente, sobre as mudanças sociais produzidas pela introdução de novas tecnologias ou sobre o choque nascido da relação entre culturas mais e menos desenvolvidas tecnologicamente. Sabemos, hoje, que a introdução de determinada tecnologia pode modificar de maneira irreversível tanto a natureza quanto a cultura humana – e que essa mudança pode nos levar a rumos imprevisíveis, inclusive gerando riscos à nossa sobrevivência como espécie. Por isso, criou-se, a partir da década de 1970, o conceito de desenvolvimento sustentável, que prega um equilíbrio entre o uso das tecnologias e a capacidade de nosso ambiente (e de nosso próprio corpo) de absorver o impacto dessa interferência. Inicialmente, esse conceito foi usado na discussão sobre os problemas ecológicos do planeta, mas hoje fala-se de desenvolvimento sustentável para proteger não só ambientes físicos ou ecológicos, como também os culturais – já que estes são redutos de diversidade de saberes também importantes para nossa espécie.

O fim de uma ilusão

É importante que os jornalistas responsáveis pela cobertura de assuntos de ciência e tecnologia conheçam um pouco mais a fundo as questões ligadas ao desenvolvimento sustentável. Isso serviria ao menos para eliminar a ingenuidade, muitas vezes repetida, de que ciência e tecnologia são eticamente neutras, ou seja, de que os problemas que causam residem no uso que se faz delas e não na sua existência. Na verdade, não há conhecimento humano sem intencionalidade, muito menos conhecimento científico e tecnológico. Todo novo conhecimento é assimilado na medida em que responde a necessidades que podem e devem ser discutidas pela sociedade. A ciência e a tecnologia não podem fugir do tribunal da ética, como muitos defendem. Elas são atividades demasiadamente humanas, sujeitas a erros e má-fé como qualquer outra, mas com um agravante: seus efeitos são mais impactantes na natureza e em nossa cultura do que a maior parte das demais atividades.

O conceito de desenvolvimento sustentável nos obriga a encarar o mundo como uma totalidade que não pode ser fragmentada e estudada aos pedaços sem que haja uma perda de conhecimento. Isso é um ganho epistemológico importante. Para que haja desenvolvimento sustentado, é preciso estabelecer uma harmonia entre os sistemas em interação, de forma que essa interação seja a produtora de um supra-sistema capaz de englobar os sistemas anteriores e criar, com base neles, uma nova forma de organização boa o suficiente para permanecer no tempo. É necessária também, para entender e aplicar o conceito de desenvolvimento sustentável, uma abordagem inter e transdisciplinar. Como veremos, é preciso encarar o mundo não mais como um agregado de coisas, e sim como o resultado de um processo que se mantém no tempo graças, principalmente, a um fluxo de informação que faz comunicar-se todas as dimensões da realidade. A comunicação, afinal, é um fenômeno ontológico (Vieira, 2000).

Os limites da civilização

A longa história do desenvolvimento tecnológico humano começa com a invenção da própria linguagem, há provavelmente trezentos mil anos. Foi nossa capacidade de lidar com símbolos que nos diferenciou de nossos parentes primatas e alavancou o que chamamos de civilização. Os símbolos nos permitem comprimir grandes quantidades de informação em signos facilmente memorizáveis e exprimíveis. Mensagens simbólicas também podem ser reprocessadas e sintetizadas em outras unidades simbólicas de forma a criar uma cascata ilimitada de significações, que se espalha em todas as direções produzindo uma nova esfera da realidade, não mais ancorada no mundo físico, mas no puramente simbólico ou semiótico. As mitologias, as artes, a filosofia e a própria ciência são resultados desse processo de produção da "noosfera" ou "semiosfera" (Lotman, 1996).

Estudos em ciências cognitivas e neurológicas mostram que a capacidade humana de criar universos simbólicos está relacionada ao surgimento, em nosso cérebro, do neocórtex – a camada mais exterior, que recobre os complexos reptílico e límbico (MacLean, 1976). Essa camada neocortical é a fonte de nossa autoconsciência, da racionalidade, da lógica controlada e da tecnologia complexa. Está no neocórtex a função de criar uma noosfera (a esfera simbólica) no ambiente ao nosso redor, de forma a ampliar nossa mente para fora da caixa craniana. O resultado é a criação de mentes coletivas formadas por várias mentes individuais, que dão origem, por sua vez, a grupos, sociedades e culturas específicas, cada qual com seu aparato tecnológico adaptado às suas condições históricas e culturais. Partindo das primeiras pinturas rupestres e utensílios de cerâmica da Idade da Pedra até os modernos aceleradores de partículas dos laboratórios de física quântica, vemos que nossa mente neocortical tem uma plasticidade espantosa. Capaz de gerar tecnologia e, ao mesmo tempo, adaptar-se à próprias transformações que realiza na natureza e na semiosfera que nossa mente criou.

A tecnologia sempre existiu e se desenvolveu ao longo da história humana, mas nos séculos XIX e XX o acúmulo de conhecimento ao longo de nossa civilização permitiu um salto tecnológico sem precedentes. Houve mais mudanças tecnológicas nos dois últimos séculos do que nos milênios que os antecederam. Como resultado, nossa expectativa de vida dobrou, doenças foram eliminadas ou controladas, aumentamos nossa capacidade de produzir alimentos e ampliamos muito nosso conhecimento sobre a vida, nosso planeta e o universo. Durante boa parte desse período, deslumbramo-nos com esses inegáveis avanços sem pensar seriamente que pudessem esconder riscos tão grandes ou maiores do que os benefícios que trouxeram. Somente a partir da segunda metade do século XX emergiu um senso crítico sobre os rumos da ciência e sobre os impactos da tecnologia, tanto no meio ambiente quanto nas culturas humanas (Bateson, 1972).

O rápido desflorestamento e eliminação de ecossistemas e espécies, a poluição em todos os seus níveis, as mudanças climáticas, os grandes acidentes nucleares, os efeitos nocivos dos pesticidas e medicamentos capazes de provocar danos em nossa estrutura genética acabaram por mostrar a face ruim do desenvolvimento científico e tecnológico. Iniciou-se, então, um processo de discussão global sobre os rumos do desenvolvimento humano que procura lidar com as muitas faces dessa questão. Reuniões de cúpula como a Rio-92 e a Johannesburg-2002 têm reunido os líderes mundiais em torno da idéia de desenvolvimento sustentado. Os resultados práticos, entretanto, são pífios. A maior parte deles concorda que o problema existe e é sério, mas poucos têm se mostrado realmente dispostos a abrir mão de seu modelo industrial e tecnológico para atender aos protocolos propostos ou mesmo já assinados.

Enquanto isso, a ciência e a tecnologia continuam a se desenvolver a um ritmo cada vez mais intenso, colocando-nos problemas ainda mais complexos e riscos muito maiores. A manipulação genética e a clonagem de seres vivos, enquanto melhoram a produção de alimentos e a medicina, permitem a criação acidental ou mal-intencionada de vírus e bactérias patogênicas que podem se mostrar fatais para nossa espécie. A nanotecnologia, que nos permite produzir mecanismos na escala atômica, promete revolucionar vários setores industriais, mas também nos ameaça com microrrobôs, que, se fugirem ao nosso controle, podem destruir a vida na Terra em questão de horas. A pesquisa em inteligência artificial pode transformar radicalmente nossa cultura em um intervalo de poucas décadas. O século XXI pode ser a prova final para a tecnologia criada por nossa espécie, que poderá tanto transcender os limites de nosso planeta e sistema solar, aumentando suas possibilidades de sobrevivência no universo, quanto produzir um colapso irremediável no meio ambiente, condenando-se à própria extinção (Rees, 2003).

Jornalismo como tecnologia

O próprio jornalismo – como atividade de divulgação de fatos, interpretação e orientação – pode ser considerado um subproduto tecnológico de nossa civilização. As chamadas técnicas jornalísticas de captação, redação, edição e publicação de fatos noticiosos, bem como o conjunto de todos os instrumentos utilizados no jornalismo (computadores, internet, impressoras, veículos de difusão etc.), integram a massa de tecnologia disponível ao ser humano moderno. O jornalismo existe para ampliar a capacidade humana de ver, ouvir, conhecer e entender a realidade (McLuhan, 1972). Uma notícia nada mais é do que um pacote de informação sobre o mundo, processado para se tornar digerível e atraente para certo público-alvo.

Parece mais claro, agora, porque a comunicação de massa e a tecnologia se dão tão bem. Ambas dividem a mesma natureza essencial, que é o processamento de informação de utilidade para nossa existência. De maneira simbiótica, o jornalismo se apropria dos avanços tecnológicos para melhorar cada vez mais seu desempenho, enquanto a tecnologia se serve dos meios de comunicação para ampliar sua penetração na sociedade. Assim como os produtos e processos tecnológicos são recortes no fluxo contínuo do conhecimento científico, feitos para nos permitir o domínio prático sobre alguma parte da realidade, a notícia jornalística é um recorte do fluxo contínuo da realidade, feito para atingir objetivos determinados social e culturalmente. Os meios de comunicação e a tecnologia são sistemas estruturalmente acoplados, com alto grau de interdependência.

Do simples ao complexo

As questões do desenvolvimento sustentado se inserem, portanto, na mudança de paradigma científico que estamos vivendo na atualidade. Desde Newton, os cientistas se acostumaram a ver o mundo como um mecanismo regido por leis fundamentais simples, que mais cedo ou mais tarde seriam descobertas. Na ciência clássica, o universo é um sistema determinista cujas propriedades mudam no tempo de forma linear e previsível. Essa ilusão persistiu até meados do século XX, quando a física quântica e, principalmente, a termodinâmica mostraram que a realidade não é simples nem linear, mas regida por processos complexos baseados em probabilidades (Prigogine, 1996). Hoje, o universo já não é visto como um bloco contínuo de espaço-tempo, e sim como um sistema dinâmico sujeito a flutuações caóticas e regido por probabilidades.

Para a questão específica do desenvolvimento sustentável, a principal novidade é que o meio ambiente e as sociedades humanas começaram a ser estudados como sistemas naturalmente complexos, que se auto-organizam por meio de dinâmicas caóticas. Uma das mais relevantes características desses sistemas é a hipersensibilidade às condições iniciais (Ruelle, 1993). Isto é, eles podem exibir um comportamento completamente imprevisível mesmo se sofrerem alterações mínimas. A dinâmica interna faz que as pequenas flutuações sejam ampliadas, entrem em ressonância com outras flutuações e desencadeiem fenômenos que afetem globalmente todo o sistema. Essa hipersensibilidade costuma ser exemplificada com o sistema climático da Terra, também complexo e probabilista. O chamado "efeito borboleta" mostra que o bater das asas do inseto na Bacia Amazônica pode desencadear, depois de algumas semanas, uma nevasca terrível no Alasca.

Outra característica importante dos sistemas dinâmicos abertos é a possibilidade de eles passarem por bruscas mudanças de fase, ou seja, de fazerem emergir repentinamente propriedades que antes não existiam. Um exemplo clássico de mudança de fase é a transformação de estados por que passa a água, de acordo com a temperatura. Por exemplo: quando se resfria, a água não se congela aos poucos, mas repentinamente – e de uma maneira que os físicos ainda não conseguiram desvendar. Por alguma razão misteriosa, milhões e milhões de moléculas se unem na forma de cristais de maneira sincronizada, como se houvesse um maestro coordenando o processo. Fenômenos de transição de fase são fundamentais na natureza. Eles são, na verdade, a essência do aparecimento das propriedades físicas da matéria e foi uma grande surpresa, para os cientistas, descobrir que os processos mais fundamentais do universo não estão sujeitos a leis estritas e sim probabilistas.

Por fim, os sistemas dinâmicos abertos exibem uma terceira característica que merece nossa atenção: são irreversíveis. Quando um sistema complexo passa por uma transformação, ele jamais volta a ser exatamente o que foi no passado. Segundo os físicos especialistas em termodinâmica, é esse atributo que garante a existência de uma flecha do tempo no universo. O tempo flui porque o universo é um sistema dinâmico aberto e regido por leis probabilistas. Essa constatação foi o golpe final na física clássica e atingiu até mesmo as equações da relatividade. No universo de Einstein, o tempo é uma ilusão e pode ser inclusive espacializado como uma dimensão extra, como efetivamente se chegou a fazer. Ainda no século XX, porém, o químico Ilya Prigogine mostrou que a irreversibilidade é um dado da realidade e que a ciência precisava mudar radicalmente de paradigma, aceitando a concretude do tempo para voltar a dialogar com a natureza.

Esse novo paradigma, que alguns teóricos chamam de Epistemologia da Complexidade (Morin, 1977, 1986), tem a possibilidade de retomar um caminho cognitivo abandonado quando a ciência optou pelo mecanicismo, a neutralidade do observador e o realismo estrito como pressupostos epistemológicos. As ciências da vida – biologia, etologia, ecologia, sociologia – foram as mais prejudicadas por essa opção, pois a camisa-de-força do mecanicismo eliminava qualquer possibilidade de compreender os processos que permitiram a emergência e o desenvolvimento dos seres vivos na Terra, inclusive os seres humanos e suas qualidades mais essenciais, como a consciência, a inteligência e a diversidade cultural. Pensar o desenvolvimento sustentável no velho paradigma newtoniano era algo impossível, enquanto na Epistemologia da Complexidade o conceito surge como uma questão natural.

Ponte para o futuro

O paradigma da complexidade também abre a possibilidade para que seja construída, no futuro, uma ponte entre duas tradições científicas que se mantiveram separadas desde pelo menos Galileu e Descartes: a física e a matemática, de um lado, e as humanidades do outro (Snow, 1959). Por muito tempo, as ciências humanas perseguiram métodos de pesquisa e análise dos seus objetos de estudo que pudessem ser tão rigorosos quanto aqueles utilizados pelos físicos e matemáticos, que eliminassem a possibilidade de desvios por contaminação do observador e pudessem apresentar os resultados em uma roupagem quantitativa. Que surpresa nos guardou a entrada do século XXI, quando os físicos e matemáticos anunciam que não existe certeza absoluta no universo, que a objetividade científica é uma quimera e que em todo processo de conhecimento existe sempre uma porção de incerteza. Prigogine fala, inclusive, em criatividade e sensibilidade aparecendo nos níveis mais elementares da matéria, como as reações puramente químicas.

O mais interessante para nós, comunicadores, é que essa ponte pode estar em um conceito fundamental do nosso dia-a-dia: o de informação. Todo mundo é capaz de perceber intuitivamente a existência de uma informação importante. Como já vimos, a percepção de nossa espécie evoluiu para nos garantir a seleção das informações necessárias para nossa sobrevivência. No dito de Gregory Bateson, um dos formuladores da cibernética, a informação é "a diferença que faz diferença"[1], ou seja: distinções que têm a capacidade de, posteriormente, selecionar novas distinções em um processo aparentemente ilimitado de *feedback*. No entanto, ninguém até hoje conseguiu explicar exatamente como a informação age (esse seria o triunfo da inteligência artificial), embora já sejamos capazes de compreender algumas de suas propriedades e implicações. Não por acaso, as propriedades mais bem conhecidas da informação são aquelas úteis do ponto de vista tecnológico. Elas foram des-

1 Gregory Bateson, *Steps to an ecology of mind.*

cobertas, na década de 1940, por um engenheiro, Claude Shannon, interessado em resolver problemas sobre a transmissão de dados por cabos telefônicos.

Shannon descobriu que as leis matemáticas que regulam a transmissão de informações eram idênticas às que regulam o comportamento de um sistema termodinâmico: havia a presença de probabilidades e irreversibilidade na sua evolução. A física afirma que um sistema que evolui no tempo jamais pode retornar exatamente ao seu estado anterior. Essa é a essência da chamada Segunda Lei da Termodinâmica. Similarmente, a informação que sai da fonte jamais pode ser recuperada novamente, com absoluta precisão, por um receptor qualquer. O que impede a recuperação é o crescimento da entropia – uma quantidade física que exprime o nível de desordem presente seja nos sistemas ou nas mensagens. O aumento da entropia explica uma série de fenômenos, que vão desde as mutações genéticas até a perda de qualidade que observamos quando copiamos uma fita de vídeo. Ela também explica por que nosso organismo envelhece e por que ocorre o desgaste de nosso carro. Ou por que os jornalistas sempre quebram a cara quando usam informação de segunda mão, inevitavelmente cheia de erros em função da entropia.

Tudo é informação

Por alguma razão ainda não inteiramente entendida, o conceito de energia e o de informação estão vinculados de uma maneira tão intrincada que alguns teóricos já se permitem arriscar que, no futuro, só haverá um deles: informação. Essa idéia, proposta inicialmente pelo físico John Wheeler, em 1989, pode parecer estranha à primeira vista porque desafia a visão construída com base em nossos sentidos, em que o mundo parece ser feito por objetos reais. Mas, se admitirmos o mundo como uma rede de relações baseada na informação, temos uma chance de construir uma teoria radicalmente nova sobre a realidade, que permita finalmente conciliar as equações da física quântica e da relatividade geral – hoje incompatíveis entre si. Nessa nova teoria, não haveria mais energia ou matéria, apenas informação sendo trocada entre partes do universo. O tempo e o espaço não seriam mais conceitos fundamentais da física, mas o resultado dos processos de transmissão de informação pelo universo (Smolin, 2002).

Se isso já não fosse o bastante, descobriu-se posteriormente que a informação descrita por Shannon era apenas uma das facetas do tema. A partir da segunda metade do século XX, Prigogine iniciou uma revolução na maneira de vermos essas questões ao mostrar que nem todos os sistemas e mensagens da realidade estão se degradando conforme a Segunda Lei da Termodinâmica. Uma categoria importante deles tem a capacidade de inverter o fluxo da entropia e, em vez de se desorganizar, pode iniciar um ciclo de organização, partindo do caos entrópico em direção a níveis cada vez mais altos de complexidade. Em outras palavras, esses sistemas são capazes de captar informação da realidade e sintetizá-la para fazer emergir novas propriedades. Esses sistemas são exatamente aqueles que haviam ficado de fora do paradigma mecanicista newtoniano, mas foram resgatados pelo novo paradigma da complexidade.

Os sistemas dinâmicos distantes do equilíbrio são capazes de auto-organização ou *autopoiese* (Maturana, 1981). Em vez de se degradar no tempo, se organizam por meio da internalização progressiva das relações que desenvolvem entre suas partes e com o meio ambiente (Uyemov, 1975). Isso não significa, porém, que a lei do aumento da entropia foi violada. Para compensar sua organização interna, esses sistemas eliminam (dissipam) entropia no meio ambiente em que vivem, desorganizando o que está ao seu redor. Para sobreviver, portanto, sistemas autopoiéticos precisam de ambientes fartos em informação e capazes de suportar a carga de entropia que será despejada sobre eles. Segundo nos mostrou Prigogine, esses sistemas não são exceções na natureza, e sim a sua norma. Na verdade, o universo inteiro parece se comportar como um grande sistema formado pelo encadeamento de inúmeros subsistemas, todos dissipando energia em busca de organização. Planetas, estrelas, sistemas solares e galáxias são exemplos da organização contínua do universo.

A vida na Terra é, contudo, o mais belo exemplo que temos desse processo. Partindo da entropia dissipada pelo sol na forma de calor, a vida explora as possibilidades de combinação entre os elementos químicos presentes no planeta (pequenas porções de informação soltas e ainda não relacionadas), gerando seqüências de elementos cada vez mais complexas e concentradas de informação, até que ocorre a transição de fase: a vida nasce e ganha independência, passando a regular seus próprios processos. A evolução, as mutações genéticas e a seleção natural fazem parte dos mecanismos que permitem à vida permanecer no tempo, transformando-se ininterruptamente. As mensagens contidas nos genes estão sempre se recombinando para permitir que formas de vida apareçam. A chave disso é o já citado efeito borboleta: pequenas mudanças internas no sistema, graças a processos de ressonância, amplificam-se para produzir resultados novos e surpreendentes.

Para onde vamos?

Podemos, agora, retornar às questões da tecnologia e do desenvolvimento sustentável. Ora, as ferramentas e os processos tecnológicos em geral não fazem parte da categoria dos sistemas dinâmicos abertos e distantes do equilíbrio termodinâmico. A tecnologia, para atingir sua meta de eficiência, não pode adotar a estratégia da auto-organização, que exige temporalidades dilatadas e resultados práticos incertos. Tecnologia boa, do ponto de vista do usuário, é aquela que funciona de forma determinista e previsível, que dá os resultados esperados. Para cumprir esses requisitos, os sistemas e processos tecnológicos precisam ser necessariamente fechados às flutuações do ambiente. Ninguém gostaria de ter um carro ou aparelho doméstico, uma rotina de trabalho ou mesmo uma receita de bolo que produzisse resultados imprevisíveis quando acionados. O efeito borboleta não pode reger a tecnologia, pois lhe faria perder sua eficiência imediatista.

A tecnologia é formada por processos e instrumentos bem ordenados, ricos em informação sintetizada usualmente na forma binária, a mais elementar. Nesses sistemas, as respostas e os comportamentos possíveis já estão catalogados em seu próprio interior, criando circuitos fechados que garantem sua previsibilidade. Em decorrência, há sempre um grande atrito entre a dinâmica natural do meio ambiente e os processos tecnológicos – como fica evidente em qualquer lugar ou tempo em que civilizações tenham atingido altos níveis de desenvolvimento tecnológico. Esse atrito pode, novamente, ser interpretado como a produção e a dissipação de entropia no meio ambiente. Para funcionar cada vez melhor, a tecnologia dissipa entropia a uma taxa cada vez maior, desorganizando o meio ambiente de uma maneira irreversível. Se essa taxa atingir um nível crítico, corre-se o risco de um colapso ambiental, com uma violenta transição de fase capaz de mudar radicalmente as propriedades do sistema e lançá-lo na direção de um novo equilíbrio, em que as formas de vida atuais talvez não tivessem chance de permanência.

Não há como fugir dessa equação. Se seguirmos no rumo atual de nossa civilização, teremos diante de nós opções extremas: ou arrancamos rapidamente para fora da Terra, queimando os recursos de organização de nosso planeta para nos projetarmos para outros ambientes do universo, explorando novos redutos de informação; ou os maravilhosos avanços tecnológicos das próximas décadas poderão ser o melancólico canto de cisne da humanidade, uma espécie de brilho fugaz que nos fará desaparecer sufocados por nossa própria inteligência. Essa é uma decisão que devemos tomar agora, antes que a situação fuja do controle. A questão é: será que temos maturidade para isso? Será que a parte réptil de nosso cérebro, que nos dá as sensações de medo e raiva, agressividade e vontade de prazer e conquistas cada vez maiores, já foi suficientemente plasmada para permitir a emergência de um sentimento global de responsabilidade e fraternidade? Será que nossas sociedades estão prontas para discutir e tomar decisões que levem à diminuição de nossa carga de prazer imediato para aumentar as chances de nossas gerações futuras poder continuar nossos passos? O físico e matemático francês David Ruelle, um dos formuladores da Teoria do Caos e suas conseqüências na esfera da informação, deixa aberta a questão:

> É difícil julgar quais são as opções realmente abertas à humanidade. O apocalipse será amanhã? Ou será que o gênero humano poderá prosseguir indefinidamente em seu caminho? O cérebro que utilizamos é o mesmo que o de nossos ancestrais da idade da pedra e deu provas de uma flexibilidade espantosa. Em vez de correr a pé e de caçar com a lança, o humano moderno guia automóvel e vende apólices de seguro. E, a menos que haja um cataclisma por perto, haverá outras mudanças, novos progressos. Para muitos trabalhos técnicos, nossos cérebros paleolíticos e obsoletos serão substituídos por máquinas mais rápidas e mais confiáveis. E a ciência virá em auxílio de nossos antiquados mecanismos de cópia genética, permitindo evitar toda espécie de horríveis doenças. E nós não poderemos dizer NÃO. Por razões sociológicas, não temos a opção de recusar todos esses magníficos melhoramentos. Mas será que a humanidade vai conseguir sobreviver às mudanças que não podemos deixar de fazer em nosso meio ambiente físico e cultural? Nada sabemos a respeito.
> Agora, como antigamente, a obscuridade sobre o nosso futuro permanece insondável, e não sabemos se a humanidade caminha para um futuro mais nobre ou para uma autodestruição inevitável.[2]

A solução para esse impasse pode estar mesmo contida no conceito de informação – mas, desta vez, em seus aspectos psicossociais. Como "diferença que faz diferença", a informação tem a capacidade de moldar nossa visão de mundo, alterando profundamente nosso comportamento. Essa é, em essência, a dimensão pragmática da comunicação (Watzlawick et al., 1967), uma linha de pensamento iniciada ainda no século XIX pelo lógico e matemático Charles Sanders Peirce, que hoje une esforços de disciplinas como a semiótica, a cibernética (ou Teoria dos Sistemas) e a sociologia. Os comunicadores sociais, com destaque para os jornalistas – por estarem na linha de frente dos acontecimentos –, são convidados a abandonar o encantamento ingênuo e a assumir um papel

---

2 David Ruelle, *Acaso e caos.*

crítico diante da parafernália tecnológica de nossa era, cientes de suas implicações a médio e longo prazo. A espécie humana precisa assumir com responsabilidade as rédeas de suas ações no ambiente, em busca de modelos de desenvolvimento que não sejam destrutivos da vida, mas saibam beber na fonte de sua complexidade. Isso é sustentabilidade.

Referências bibliográficas

BATESON, G. *Mind and nature.* Toronto/Nova York: Bantam Books, 1979.

_____. *Steps to an ecology of mind.* Nova York: Ballantine, 1972.

CHANGEUX, J.; CONNES, A. *Matéria e pensamento.* São Paulo: Editora da Unesp, 1996.

GELL-MANN, M. *O quark e o jaguar.* Rio de Janeiro: Rocco, 1996.

LOTMAN, Iuri. *La semiosfera I. Semiótica de la cultura y del texto.* Madri: Ediciones Cátedras, 1996.

MACLEAN, Paul D. *"The imitative-creative interplay of our three mentalties".* In: HARRIS, H. (ed.). *Astride of two cultures.* Nova York: Random House, 1976.

MATURANA, H.; VARELA, F. *A árvore do conhecimento.* São Paulo: Palas Athena, 2001.

MORIN, E. *O método – 1: a natureza da natureza.* Sintra: Europa-América, 1977.

_____. *O método – Vols. I a IV.* Porto Alegre: Sulina, 1986.

PRIGOGINE, I. *O fim das certezas.* São Paulo: Editora da Unesp, 1996.

RUELLE, D. *Acaso e caos.* São Paulo: Editora da Unesp, 1993.

SANTAELLA, L. *Cultura das mídias.* São Paulo: Experimento, 1996.

SCHRÖEDINGER, E. *O que é vida?* São Paulo: Editora da Unesp, 1997.

SMOLIN, L. *Três caminhos para a gravidade quântica.* Rio de Janeiro: Rocco, 2002.

SNOW, Charles. *The two cultures and the scientific revolution.* Nova York: Cambridge University Press, 1959.

STUART, I. *Será que Deus joga dados?* Rio de Janeiro: Jorge Zahar, 1991.

UEXKULL, Jacob. "A stroll trough the worlds of animal and men". *Semiotica (Special Issue)*, Berlim, 1992, pp. 89-94.

UYEMOV, Avanir. "Problem of direction of time and the laws of system's development". In: KUBAT, L.; ZEMAN, J. (eds.). *Entropy and information in science and philosophy*. Praga: Elsevier, 1975.

VIEIRA, J. A. (org.). *Caos e ordem na filosofia e ciências*. FACE – Edição Especial n. 2, p. 153. São Paulo: PUC/Fapesp, 2000.

VIEIRA, J. A. *Semiose no mundo físico*. Caderno da 6ª Jornada do Centro de Estudos Peirceanos. São Paulo: PUC, 2003.

______. *Sinais científicos e o problema da complexidade*. PUC-SP/Museu Nacional da UFRJ, 2002.

WATZLAWICK, P. *et al. Pragmática da comunicação humana*. São Paulo: Cultrix, 1967.

Sites de referência

Projeto Principia Cybernetica
http://pespmc1.vub.ac.be

Enciclopédia Digital Charles Peirce
http://www.digitalpeirce.fee.unicamp.br/

Divisão para o Desenvolvimento Sustentável da ONU
http://www.un.org/esa/sustdev/

Sobre o significado da entropia
http://www.secondlaw.com/

Sergio Vilas Boas

Nasceu em Lavras (MG) em 1965. Cresceu e educou-se em Belo Horizonte. É jornalista formado pela Uni-BH e mestre em Ciências da Comunicação pela ECA/USP, onde também prepara atualmente sua tese de doutorado. Seu principal campo de interesse, pesquisa e trabalho é o jornalismo narrativo, especificamente histórias de vida, biografias e perfis. Autor de crônicas, artigos, reportagens especiais, entrevistas, ensaios, perfis, contos e resenhas de livros nas mais diversas áreas, que incluem política, educação, administração, tecnologia, negócios e cultura.

Trabalhou no *Diário do Comércio*, de Belo Horizonte, época em que foi agraciado com dois prêmios: Prêmio Fiat Allis de Jornalismo Econômico 1996, pela série de reportagens sobre conflito de gerações em empresas familiares de Minas Gerais; e Profissional de Mídia do Ano em Comunicação Empresarial 1997, da Associação Brasileira de Jornalismo Empresarial (Aberj), pelo conjunto do trabalho desenvolvido. Em São Paulo, onde reside desde 1998, trabalhou na *Gazeta Mercantil* e na *Folha de S.Paulo*.

Além de contos publicados nas revistas *E* (do SESC-SP) e *Cult*, é autor dos livros *O estilo magazine* (1996), *Biografias & biógrafos* (2002) e *Perfis* (2003), publicados pela Summus; e de *Os estrangeiros do trem N* (Rocco, 1997), obra que lhe valeu o Prêmio Jabuti 1998 na categoria Reportagem. Edita e coordena, com outros três jornalistas-pesquisadores, o Texto Vivo – Narrativas da Vida Real: *www.textovivo.com.br*.

Coleção Formação & Informação

O desafio educacional deste início de século XXI pode ser sintetizado em duas diretrizes: formar para compreender e conhecer para transformar. Como as extraordinárias mudanças científicas, tecnológicas e filosóficas das últimas décadas ainda não se refletiram na diminuição das desigualdades globais, fazem-se necessários, mais que nunca, estudos proativos, ações inovadoras, senso crítico vigoroso, solidariedade e auto-exames: descobrir soluções viáveis para os graves problemas sociais herdados do século passado.

Muitas organizações jornalísticas já perceberam que não podem mais – sob o manto de uma neutralidade simulada – omitir-se em relação aos interesses genuinamente coletivos. Os leitores-telespectadores-ouvintes-internautas da era digital têm a oportunidade ímpar de navegar por múltiplos canais de informação. Mas não se trata apenas de poder informar-se ou sentir-se informado. Mais e mais pessoas desejam ir além, querem aderir a experiências construtivas concretas, dando novo significado à lógica do consumismo ou mesmo recusando-a.

Formação & Informação nasceu para vislumbrar alternativas nessa linha. Os volumes fornecem conteúdos essenciais sobre macrotemas jornalísticos e mostra como decifrá-los para o público (iniciado ou leigo). Escritos sob óticas diversas, os artigos partem da premissa de que um comunicador social deve se aprofundar em um assunto de maneira sistêmica, e de que o público, por sua vez, precisa se situar no turbilhão de dados desconexos próprio do nosso momento histórico. Significa que é preciso inter-relacionar fatos, experiências e valores humanos; semear o presente, originando o passado, antevendo o futuro.

Sergio Vilas Boas

IMPRESSO NA GRÁFICA **sumago**

sumago gráfica editorial ltda
rua itauna, 789 vila maria
02111-031 são paulo sp
telefax 11 **6955 5636**
sumago@terra.com.br